Maria Eckl

Einfach raus in & um München

Coole Orte für Abenteuer und Auszeit: Sporteln, schlemmen und Kultur entdecken

J. BERG

Inhalt

Ausflüge im Süden von München

Ausflüge im Westen von München

24 Geheimnis des Slyrs

42 Tiny House

Vorwort

LIEBE NATURFREUNDIN, LIEBER NATURFREUND,

willkommen in unserem schönen München! Egal ob du hier wohnst oder nur zu Besuch bist, diese Ausflugsideen helfen dir, die grüne Seite unserer schönen Stadt und des Umlands neu zu entdecken. Es warten Fahrradtouren, Spaziergänge, Wanderungen, kulinarische Gaumenfreuden und ein paar unerwartete Abenteuer auf dich.

Wir Münchner lieben unsere Heimatstadt, denn sie ist so grün wie fast keine andere Stadt und hat sowohl ruhige Ecken als auch jede Menge Unterhaltungswert – und das zu jeder Jahreszeit! München und sein Umland bietet fast unbegrenzte Möglichkeiten, seine Freizeit draußen, aktiv und in der Natur zu verbringen: an unserer schönen Isar, im schier endlosen Englischen Garten, im schönen Westpark oder in den vielen Forstgebieten in und um München. All diese Orte machen unsere Stadt zu einer grünen Oase und egal wo man wohnt, hat man immer ein Stück Natur ums Eck. Doch neben den altbekannten Klassikern gibt es noch weitaus mehr schöne Orte zum Aktivsein oder Entspannen.

Auch wenn wir Münchner am Wochenende gerne und oft den Süden und das Voralpenland ansteuern, gibt es doch so viel in München selbst, dem direkten Umland und in den anderen Himmelsrichtungen zu entdecken.

Ich möchte dich dazu einladen, München neu zu erkunden, einmal den Weg Richtung Norden statt gen Süden einzuschlagen, nicht vor der Haustür spazieren zu gehen, sondern durch unsere weitläufigen Forste zu streifen und die Stadt von einer neuen Seite kennenzulernen.

Denn man muss nicht immer weit fahren, um abzuschalten oder etwas Neues auszuprobieren. Und das Beste ist: Fast alle Ausflugsziele kann man auch mit den öffentlichen Verkehrsmitteln erreichen. Falls du nicht sowieso mit dem Fahrrad unterwegs bist.

Da mir die Natur sehr am Herzen liegt, bitte ich dich bei deinen Streifzügen gut auf sie Acht zu geben.

Viel Freude & Genuss in der Münchner Natur!
Maria Eckl

Am Isarhochufer bei Aumühle kann man kilometerweit skaten.

Bevor es nach draußen geht

VIEL QUALITY TIME

Die Ausflüge sind von unterschiedlicher Länge und gegliedert in zwei- bis dreistündige Ausflüge, die sogar noch zum Feierabend gemacht werden können und Halb- und Ganztagestouren. Und ein paar Wochenendideen mit Übernachtung sorgen für eine extra lange Quality Time in der Natur.

Die Zeitangaben sind natürlich nur Vorschläge und dienen zur groben Orientierung. In vielen Fällen kann man auch weitaus mehr Zeit verbringen, etwa bei Wanderungen, Fahrradtouren oder Seebesuchen. Grundsätzlich gilt aber: lieber mehr Zeit einplanen, um vollends ins Genießen zu kommen.

IM EINKLANG MIT DER NATUR

Damit unsere schöne Heimat auch noch in vielen Jahren und von weiteren Generationen genossen werden kann, heißt es: Gib Acht auf die Natur! Lass keinen Müll liegen, halte dich an Betretungsverbote, lass die laute Musik zu Hause und mach kein Lagerfeuer.

SHARING IS CARING ...

... und zwar für die Umwelt. Die meisten Ausflüge sind mit öffentlichen Verkehrsmitteln erreichbar und für die, die es noch nicht wussten: In der S-Bahn München sowie in den Regionalzügen dürfen auch Fahrräder gegen eine kleine Gebühr mitgenommen werden. An ein paar Ausflugszielen kann man auch Fahrräder der MVG ausleihen. So schont man nicht nur die Umwelt, sondern umgeht auch noch nervenaufreibende Staus.

NOCH MEHR IDEEN

Bei den meisten Ausflügen gibt es Vorschläge zur Erweiterung der Tour, z. B. wie man eine Fahrradtour um ein paar Kilometer verlängern kann, den Hinweis auf einen See, der in der Nähe noch mit einer Erfrischung winkt oder ein lohnenswerter Bioladen oder ein vorzügliches Restaurant, die auf dem Rückweg liegen. So kann jeder den Ausflug nach seinem Geschmack ausgestalten oder sogar zwei Ausflüge daraus machen.

Die Nachmittags-
sonne im Schleißheimer
Schlosspark

Ausflüge für Familien

- Auf Kaffee und Kuchen zum Bumbaurhof nach Markt Indersdorf → S. 48
- Wandere zu den Wasserfällen in der Wolfsschlucht → S. 82
- Klettere und beobachte Wildschweine in Grünwald → S. 92
- Unterstütze gerettete Tiere auf dem Gut Aiderbichl → S. 96
- Spaziere durch den Bernrieder Park am Starnberger See → S. 98

Ausflüge für Abenteurer

- Verbringe ein Wochenende im Adventure Camp Schnitzmühle → S. 62
- Paddle mit dem Schlauchboot auf der Alz → S. 66
- Klettere am einfachen Klettersteig in Reit im Winkl → S. 68
- Radle zum Georgenstein in der Isar → S. 94
- Paddle mit dem Kanu durch das Ampermoos → S. 114
- Bike durch die Westlichen Wälder bei Augsburg → S. 122

Ausflüge für Feinschmecker

- Schnabuliere dich durch Haidhausen → S. 28
- Pflücke selbst Obst aus lokalem Anbau auf dem Holzerhof → S. 52
- Besichtige die Destillerie des Lieblings-Gins der Münchner »The Duke« → S. 56
- Teste die lokalen bayerischen Biere bei einer Biergarten-Radtour → S. 86
- Spaziere zum Forsthaus Ilkahöhe → S. 100
- Schon mal in den Genuss von Wasserbüffel gekommen? → S. 118

Ausflüge für Kulturliebhaber

- Entdecke Münchens Outdoor-Kunstwerke → S. 24
- Schau dir das Zentrum des europäischen Jugendstils in Schwabing an → S. 34
- Schreite durch den Schlosspark in Oberschleißheim → S. 44
- Erkunde Sisis Sommerdomizil in Possenhofen mit dem Boot → S. 102

Über Nacht

- Alles was das Outdoor-Herz begehrt gibt's im Adventure Camp Schnitzmühle → S. 62
- Genieße eine Auszeit im Baumhaus des Hofgutes Hafnerleiten → S. 64
- Wache inmitten der Natur im Tiny House »Max« auf dem Büffelhof Beuerbach auf → S. 118

Schlechtwetteralternativen

- Flaniere und schlemme dich durch das Werksviertel → S. 32
- Lebe deine Kreativität aus beim Töpfern oder Malen in Schwabing → S. 38
- Besichtige die Gin-Destillerie »The Duke« in Aschheim → S. 56
- Lüfte das Geheimnis des Slyrs Single Malt Whiskys → S. 78

Einer von vielen Wegen auf den Olympiaberg

Ausflüge in München

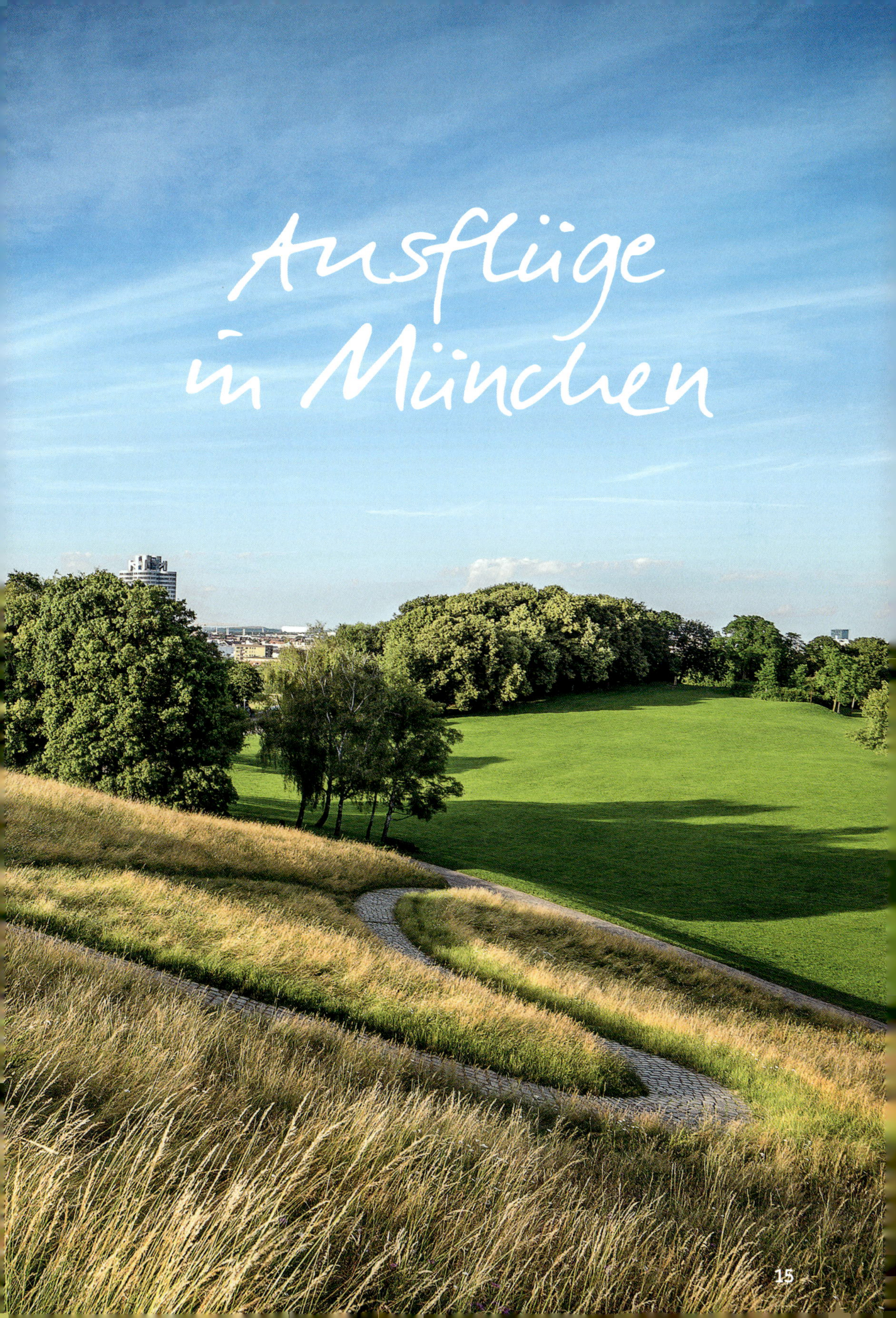

1

Am besten in den Westen

Diese 25 Kilometer lange Fahrradtour vereint die schönsten Orte des Münchner Westens: den Westpark, Schloss Blutenburg, Schloss Nymphenburg und den Hirschgarten.

Eine erfrischende Alternative zu den üblichen Fahrradtouren stellt diese Route im Westen Münchens dar. Man startet in Sendling und fährt einmal quer durch den weitläufigen Westpark. Wer hier noch nie war, sollte etwas mehr Zeit mitbringen, um den Chinesischen Garten und den Thailändischen Wassertempel zu bestaunen und noch ein Heißgetränk im Café »Gans am Wasser« am Mollsee zu genießen. Dann geht es weiter stadtauswärts, bis man an der gemütlich plätschernden Würm ankommt, die am Starnberger See entspringt, bis Dachau fließt und dort in die Amper mündet. Dieser folgt man nun immer weiter bis Pasing und dann Richtung Norden bis zum Schloss Blutenburg, einem ehemaligen Jagdschloss in Obermenzing.

Hier tut sich ein wahres Naturidyll mit großem Erholungsfaktor auf. Die Würm schlängelt sich sanft um das Schloss herum, die Schwäne gleiten erhobenen Hauptes vor der Schlossmauer auf und ab und die Wiesen drum herum bieten viel Platz, um diesen friedlichen Ort zu genießen.

Die Räumlichkeiten von Schloss Blutenburg werden weitestgehend von der Internationalen Jugendbibliothek beansprucht. Frei zugänglich ist jedoch die Schlossschänke, die Besucher kulinarisch verwöhnt und im Sommer eine großzügige Seeterrasse bietet.

Nach einem kurzen Aufenthalt am Schloss oder in der Schänke radelt man weiter Richtung Innenstadt, denn zwei weitere Sehenswürdigkeiten des Westens gilt es noch zu entdecken. Nach ca. 15 Minuten erreicht man den westlichen Teil von Schloss Nymphenburg. Ein kurzer Blick hinein in den Garten des Schlosses lohnt sich, denn zum einen spiegelt sich die Nachmittagssonne herrlich im Schlosskanal, zum anderen kann man einen Blick auf das

INFOS

Start & Ziel: Westpark & Hirschgarten, München
Dauer & Weglänge: 1 Tag, ca. 26 km
Besonderer Tipp: Zu den Abendstunden ist die Atmosphäre im südlichen Teil des Nymphenburger Parks besonders stimmungsvoll. Wer Glück hat, kann ein einmaliges Farbenspiel auf der Wasseroberfläche des Schlosskanals beobachten.

prunkvolle Schloss erhaschen. Nach dem Stopp radelt man weiter am südlichen Rand des Schlossparks entlang zum Hirschgarten. Hier kann man noch am Wildgehege eine Pause einlegen, wo man die erhabenen Tiere manchmal ganz nah erleben kann und sogar füttern darf. Wohlverdient lässt man die Fahrradtour dann im Biergarten am Hirschgarten ausklingen.

Einkehr-Tipp

Einem Steckerlfisch von der **Fischer-Vroni** kann man im allseits beliebten Biergarten des Hirschgartens einfach nicht widerstehen.

Idyllischer Fahrradweg an der Würm

Stolze Schwäne vor dem
Schloss Blutenburg

2

Bouldern unter freiem Himmel

Ganz München zum Klettern bringen, so lautet die Devise des Kraxlkollektivs. So entstehen an zahlreichen Orten in München öffentliche Kletterwände unter freiem Himmel, die kostenlos und jederzeit zugänglich sind – Kletterspaß für alle!

Das Kraxlkollektiv, eine junge Initiative aus München, hat es sich zur Aufgabe gemacht, ganz München mit seiner Kraxlleidenschaft anzustecken, und hat hierfür zwei beeindruckende Outdoor-Boulderwände in München geschaffen – und es sollen noch mehr folgen. Hier darf jeder nach Lust und Laune klettern.

Eine besondere Boulderwand, die einst vis-à-vis zur Bavaria auf der Theresienwiese stand, ist der liebevoll benannte »Dicke Hans«. Dieser wurde im Juni 2022 unter die Candidbrücke in Untergiesing umgezogen, wo man nun im angenehmen Schatten klettern kann.

INFOS

Start & Ziel: München
Dauer: 2–3 Stunden
Besonderer Tipp: Im Kulturzentrum Sugar Mountain kann man nicht nur Bouldern, sondern auch Skaten, Basketball oder Tischtennis spielen, im Outdoor Gym trainieren oder an Kulturveranstaltungen und Live-Musik-Events teilnehmen.

Eine weitere beeindruckende Boulderwand steht im Sugar Mountain, dem neuen Kulturzentrum in Sendling, in dem Kulturfreunde, Sportler und Hipster aufeinandertreffen. Ein Besuch des Sugar Mountain lohnt übrigens aus vielerlei Gründen, nicht nur zum Bouldern.

Im Stadtgebiet von München sind noch weitaus mehr Boulderwände verstreut, an U-Bahn-Stationen, zwischen Graffitikunstwerken oder in Parks. Nachfolgend eine Auswahl:

- **Kraxlkollektiv Boulderwand »Dicker Hans«** Candidbrücke, Höhe Waldeckstraße
- **Kraxlkollektiv Boulderwand »Lolliblock« im Kulturzentrum »Sugar Mountain«**, Obersendling
- **Boulderwand Innsbrucker Ring** (für Kinder geeignet), Unterführung am Innsbrucker Ring, Höhe Piusplatz
- **Boulderwand mit vertikalen Routen** Harlaching, Wörnbrunner Platz bei der Skateanlage
- **Outdoor-Boulderbereich des TUM Campus** Olympiapark, nördlich des Georg-Brauchle-Rings (gegen Gebühr!)

Die Boulderwand »Dicker Hans« vom Kraxlkollektiv

Jeder kann sich an den Wänden probieren und man benötigt keinerlei Vorkenntnisse. Für den Anfang kann man dies auch mit weichen Turnschuhen machen, Geübte präferieren ihre Boulderschuhe. Wer die Grundtechniken des Boulderns erlernen möchte, kann an den regelmäßig stattfindenden Boulderkursen des Kraxlkollektivs teilnehmen.

3

Zum Perlacher Mugl

Noch nie vom Perlacher Mugl gehört? Nahezu geheimnisvoll klingt dieser Ort. Doch was verbirgt sich dahinter? Es gilt, das Geheimnis zu lüften.

Dieser Ausflug führt in den riesigen Perlacher Forst, den viele Münchner gar nicht auf dem Schirm haben. Dabei ist er eines der größten Forstgebiete im Münchner Stadtgebiet und damit ein Traum für Jogger, Spaziergänger und Fahrradfahrer. Doch der Perlacher Forst ist kein normaler Forst, denn er hält eine besondere Überraschung bereit: den Perlacher Mugl. Der Mugl ist eine kleine Anhöhe inmitten des Forstes, von der aus man einen gigantischen Ausblick über das Waldgebiet hat. Bei klarem Wetter wird der Blick auf ein Alpenpanorama vom Feinsten frei. Doch es ist gar nicht so einfach, den Mugl zu finden. Er ist zwar ausgeschildert, aber nicht besonders gut. Hat man die Anhöhe schließlich durchs Dickicht erspäht und die 26 Höhenmeter hoch geschafft, freut man sich umso mehr über diesen friedlichen Ort im Münchner Süden. Eine Bank, neben der eine Panoramakarte die umliegenden Gipfel zeigt, lädt zum Verweilen auf dem Mugl ein. Ist der Jagdinstinkt geweckt? Na, dann los! Auf geht's zur Suche nach dem Mugl!

Nun stellt sich noch die Frage, was der Mugl eigentlich ist. Im Zweiten Weltkrieg wurde im Perlacher Forst ein großer Bunker mit Flugabwehrgeschützen errichtet. Dieser konnte nach dem Ende des Krieges aufgrund der massiven Bauweise nicht abgebaut werden. Kurzerhand wurde er aufgeschüttet und der Perlacher Mugl war entstanden.

Im Perlacher Forst gibt es aber noch weitaus mehr zu entdecken: Im Frühling kann man im Teichbiotop direkt südlich vom Mugl einem wahren Froschkonzert lauschen. Im Herbst findet man vor allem in den Seitenwegen im Osten des Parks Pilze. Im Süden liegt ein Rehgehege direkt am Forsthaus Wörnbrunn. Und ein paar Meter weiter östlich kann man auf einer Schaukel im Baum die idyllische Umgebung genießen. In den Perlacher Forst kommt man nicht nur einmal, sondern am liebsten zu jeder Jahreszeit. Man kann sich jedes Mal einen anderen Teil des ausgedehnten Waldgebietes vornehmen. Denn in jeder Himmelsrichtung

INFOS

Start & Ziel: Tramstation Schilcherweg, München oder Kugler Alm, Oberhaching
Dauer: 2–3 Stunden
Besonderer Tipp: Direkt an der Kugler Alm gibt es eine MVG Radstation. Man fährt mit der S-Bahn nach Furth (Deisenhofen), geht die wenigen Meter zur Radstation, dreht eine Runde durch den Forst und kann dann im Biergarten einkehren.

Letzter Stopp des Ausflugs: die schöne Kugler Alm

gibt es etwas zu entdecken. Und weil so viel Bewegung bekanntlich hungrig macht, sollte man noch eine beträchtliche Zeit dieses Ausflugs für den anschließenden Biergartenbesuch einplanen. Ausflügler mit dem Fahrrad können weiter Richtung Süden ans Ende des Forstes zum Biergarten Kugler Alm radeln. Spaziergänger können die wenigen Kilometer mit dem Auto nach Oberhaching fahren.

Einkehr-Tipp

Der **Biergarten Kugler Alm** im Süden des Perlacher Forstes besticht mit seinem schön angelegten Garten, vielen Sonnenplätzen, Bierbänken mit Lehnen und vorzüglichem Essen.

4

Zeitgenössische Kunst ist draußen

Wenn München zu einem riesigen Museum wird: Bei diesem ausgiebigen Spaziergang gilt es, diverse moderne und zeitgenössische Kunstwerke, die sich alle draußen befinden, zu entdecken.

Viele Ecken Münchens sind mit einmaligen Kunstobjekten geschmückt. Bei diesem neun Kilometer langen Spaziergang durch die Stadt, vom Deutschen Museum bis zur Giselastraße, werden verschiedene, meist zeitgenössische Kunstwerke, besichtigt. Der erste Stopp befindet sich am Europäischen Patentamt gegenüber dem Deutschen Museum. Hier finden sich diverse abstrakte Skulpturen, die das Gebäude des Patentamts sowie die komplette Umgebung prägen. Das Europäische Patentamt sammelt Kunstwerke, welche die Faszination für technologische Ästhetik, Geschwindigkeit und Zukunftsoptimismus ausdrücken sollen. Am Standort am Bob-van-Benthem-Platz 1 befinden sich fünf moderne Skulpturen.

Die wohl auffälligste Skulptur ist »CHRONOS 10B« von Nicolas Schöffer. Diese bedient sich elektrischer Werkzeuge, um ein dynamisches Kunstwerk aus Raum, Licht und Zeit zu schaffen. Es entfaltet sich erst vollends in den Abendstunden, wenn die rotierenden Spiegel das Abendlicht einfangen und malerische Lichtsignale in die Umgebung werfen. Diese Lichtreflexe sollen den kommunikativen Austausch zwischen dem Deutschen Patentamt, dem Deutschen Museum und dem Europäischen Patentamt symbolisieren.

Nachdem die Skulpturen am Europäischen Patentamt inspiziert wurden, spaziert man weiter Richtung Innenstadt, durch das Glockenbachviertel und den Viktualienmarkt zu den Fünf Höfen. Im Viscardihof in der Theatinerstraße befindet sich »Sphere« des Dänen Ólafur Elíasson, eine gewaltige Kugel aus Stahl, die über den Köpfen der Passanten schwebt. Das Werk wirkt nicht nur erhaben und mächtig, sondern nimmt mit seinem Schattenspiel die ganze Passage ein. Ólafur Elíasson möchte damit die Vernetzung unserer Welt symbolisieren.

INFOS

Start & Ziel: Deutsches Museum & U-Bahn-Station Giselastraße
Dauer & Weglänge: ½ Tag, ca. 9 km
Besonderer Tipp: Die Kunstsammlung der Münchner Rück im unterirdisch verzweigten Passagensystem, in dem auch wechselnde Ausstellungen stattfinden, kann im Rahmen von Führungen besichtigt werden.

Der »Staccioli-Ring« vor dem Charles Hotel soll neue Blickwinkel aufzeigen.

Der Spaziergang führt weiter zum alten Botanischen Garten, wo an der Ecke Elisenstraße/ Luisenstraße der unübersehbare rote »Staccioli-Ring« vor dem Charles Hotel thront. Dieser hat einen Durchmesser von zwölf Metern und stammt von dem Bildhauer Mauro Staccioli, dessen Kunstwerke meist aus geometrischen Formen bestehen. Diese sollen einen Ort verändern und neue Blickwinkel vorschlagen.

Nur wenige hundert Meter weiter befindet sich das nächste moderne Kunstobjekt, ein Basketballkorb, der hoch oben am Dach der TU-Mensa in der Barer Straße 12 befestigt wurde. »Never ever«, der scheinbar unerreichbare Korb steht für »ein metaphorisches Experiment mit hochgesteckten Zielen, bei dem das Scheitern zwangsläufig wahrscheinlicher als der Erfolg ist. Die auf diese Weise verdeutlichte Absurdität provoziert Sinnfragen des Betrachters bzw. Passanten«, sagt der Künstler Benjamin Bergmann.

Nun geht es zum Skulpturenpark auf den Grünflächen zwischen der Alten und Neuen Pinakothek. Dieser stellt eine bemerkenswerte Sammlung moderner und zeitgenössischer Werke berühmter Künstler dar. Eine Skulptur, die besonders heraussticht, ist »Present Continuous« des Niederländers Henk Visch, eine 3,60 Meter hohe Figur aus Aluminium, die einen nach vorne gebeugten Menschen ohne Arme darstellt. Present Continuous ist im Englischen die Grammatikform für Handlungen,

»Present Continuous« symbolisiert die Verbindung zwischen Gegenwart und Vergangenheit.

die gerade stattfinden. Von der Stirn der Skulptur geht ein roter Stab direkt in die Erde. Dieser endet in einem Ausstellungsraum im Ägyptischen Museum. Das Kunstwerk soll die Verbindung zwischen Gegenwart und Vergangenheit symbolisieren.

Direkt neben »Present Continuous« befindet sich eine etwas andere Art von Kunst: Minna Thiel, ein Ableger des Münchner Kulturprojektes Bahnwärter Thiel, eine alte Lock, bei der man unter freiem Himmel in entspannter Atmosphäre ein Getränk genießen kann. Hier legt man eine kurze Erfrischungspause ein, bevor es zum nächsten Kunstwerk geht: zu »LOVE HATE«.

Der Schriftzug liest sich von einer Seite »Love« und von der anderen Seite »Hate«, ehemals vor dem Siegestor, jetzt vor dem Bay-

Einkehr-Tipp

Im urig-modernen **Restaurant Seidelei** kann man sich zwischendurch mit gut bayerischer, deftiger Kost stärken.

erischen Nationalmuseum platziert. Mit »LOVE HATE« möchte die Künstlerin Mia Florentine Weiss auf die Ambivalenz von Liebe und Hass aufmerksam machen und den Hass in dieser Welt in Liebe umkehren.

Um die vielen Eindrücke der bisherigen Kunsttour zu verarbeiten, kann man zum Mittagessen in die Seidelei in der Reitmorstraße 3 einkehren und sich dort in urig-moderner Wohlfühlatmosphäre stärken. Danach geht es weiter unter die Luitpoldbrücke, wo frische Graffiti-Kunst, die ständig wechselt und zur besten Münchens zählt, bewundert werden kann.
Nun spaziert man einmal durch den Englischen Garten bis auf Höhe Giselastraße. Dort, in der Mandlstraße, kann man »Discrepancy« von Roxy Paine vor dem Bürogebäude der Munich Re bewundern. Die Munich Re fördert übrigens Kunst im beträchtlichen Stil: Über 3000 Kunstwerke zieren das Versicherungsgebäude in der Königinstraße.

Die Tour endet beim wohl bekanntesten Kunstwerk der Munich Re, dem »Walking Man« von Jonathan Borofsky, den jeder Münchner kennt, doch meist nicht seine Bedeutung. Der Walking Man stellt einen 17 Meter hohen, weißen Menschen dar, der unübersehbar durch die Leopoldstraße schreitet. Die gehende Pose steht unter anderem für Werte wie Fortschritt, Dynamik und Aufbruchswillen.

»Discrepancy« vor dem Bürogebäude der Munich Re

5

Haidhausen neu entdecken

Hättest du gewusst, dass das heute so schillernde Haidhausen ein Arbeiterviertel war? Und dass es dort einen Bierkeller nach dem nächsten gab? Oder aber woher die Bezeichnung Gasteig oder die Biergartenkultur stammt?

All diese Fragen werden während der Probiertour Haidhausen des Wei(s)sen Stadtvogels beantwortet. Man schlemmt sich durch leckere Schmankerl und Köstlichkeiten in traditionsreichen Institutionen und erfährt dabei spannende Details über den Aufstieg des Arbeiterviertels zum lebendigen Stadtviertel. So lernt man, dass Haidhausen schon vor München am rechten Isarhochufer existierte und »Häuser auf der Heide« bedeutete. Es war von der Stadt München aus nur über den »gaachen Steig«, die steile Straße hinauf, erreichbar – den heutigen Gasteig.

INFOS

Start & Ziel: Weißenburger Platz, München
Dauer & Weglänge: 3 Stunden, ca. 3 km
Besonderer Tipp: Man muss natürlich nicht immer eine kostenpflichtige Stadtführung buchen, sondern kann ein neues Stadtviertel auch auf eigene Faust erkunden. Denn mal ehrlich: Sonst bewegt man sich doch nur in bereits gut bekannten Gefilden, oder?

Die Stadtführung startet am Weißenburger Platz und passiert lokale Geschäfte und Cafés sowie geschichtsträchtige Orte wie den Orleansplatz, den Bordeauxplatz, die Preysingstraße und die Kirche St. Johann Baptist. Ein besonders schmackhafter Stopp der Stadtführung ist der Feinkostladen Steinbeisser, der regionale Spezialitäten, frische Kuchen und allerlei Geschenkideen anbietet. Aber auch internationale Leckereien gibt es auf der Tour zu probieren, zum Beispiel frisch gebackene Falafel in der Buch-Oase. Auf kleiner Ladenfläche werden dort Kulinarik, Literatur und internationale Kulturen vereint und man könnte sich stundenlang durch das Angebot wühlen und futtern.

Auch der Stopp in der traditionsreichen Bäckerei Neulinger, die nicht nur mit Leckereien, sondern auch mit ihrem Interieur beeindruckt, ist etwas ganz besonderes. Die Geschichte des Gebäudes geht bis ins Jahr 1902 zurück und Karl Valentin hatte seine ersten Auftritte in diesem Café. Heute entzückt es mit einer wunderschön restaurierten Stuckdecke und beim Kaffeeklatsch mit den süßen Köstlichkeiten der Bäckerei fühlt man sich wie anno dazumal.

Grüner Hinterhof der Preysingstraße in der Nachmittagssonne

Die Auswahl an lokalen Craftbieren im Meisterstück in Haidhausen

Auf der Probiertour durch Haidhausen schlemmt man sich durch lokale Spezialitäten.

Sehr aufschlussreich ist der Besuch beim Meisterstück, wo man Meistern der Braukunst eine Bühne gibt. Dort kann man aus über 120 verschiedenen Biersorten auswählen, darunter viele lokale Craftbiere, genießt Spezialitäten vom Grill und aus dem Smoker und erfährt spannende Details über die Bierkultur in Haidhausen. Im 16. Jahrhundert gab es nämlich über 70 Brauereien in München. Bei so vielen Brauereien wurde dringend ein Platz zur Lagerung der Biere gesucht, die aufgrund der damaligen untergärigen Brauart stets gut gekühlt werden mussten. So wurden Bierkeller in den Flussterrassen der Isar geschaffen. Dort war das Bier durch die Nähe zum Fluss gut gekühlt. Es wurden Kastanienbäume gepflanzt, die den Kellern Schatten spenden sollten, da sich diese Baumart nur flach verwurzelt, und Kies auf dem Boden sollte zusätzlich isolieren – typisch für unsere heutigen Biergärten. Arbeiter trafen sich in den Bierkellern zum Feierabendbier und -schmaus, was den umliegenden, hochpreisigeren Restaurants gar nicht gefiel. So kam es 1812 zum Biergartenedikt, das den Brauern offiziell erlaubte, Bier zum sofortigen Verzehr auszuschenken, nicht aber den Verkauf von Speisen. Kurzerhand brachten sich die Bierkellerbesucher ihr Essen selbst mit und blieben ihren Bierkellern treu. So entstand die Münchner Biergartenkultur. Hättest du's gewusst?

6

Recyceln ist trendy

Im neuen trendigen Werksviertel gibt es viel Platz für kreative Köpfe, Kunstschaffende, Unterhaltungsangebote und Gastronomie. Und jedes individuelle Projekt ist willkommen: So kann man zum Beispiel an einem Recycling-Workshop teilnehmen.

Am Ostbahnhof wurde ein neues, modernes Stadtviertel geschaffen, das Leben, Wohnen und Arbeiten auf einzigartige Weise verbindet. Es bietet viel Platz für Kreativität, Kunst, Kultur, Unterhaltung und soziales Engagement. Das Areal beeindruckt durch das 78 Meter hohe Riesenrad und die zeitweise auf dem Dach grasenden Schafe von Werk 3. Inmitten von Büroflächen befindet sich das Container Collective, 39 ausrangierte Schiffscontainer, in denen unterschiedliche Menschen, Künstler, Start-ups und Bars zum Austausch, zu Ausstellungen und zum Genießen einladen. Dazwischen findet man ein internationales kulinarisches Angebot von der Werkswurst über den Aleppo-Grill bis zum Thai-Restaurant – für jeden Geschmack ist etwas dabei. Im Sommer gibt es Livemusik und Drinks unter freiem Himmel, im Winter kann man Eisstockschießen. Kurz gesagt: ein erfrischendes neues Viertel, in dem man gerne einen entspannten Nachmittag verbringt, bummelt und schlemmt.

In einem der Container befindet sich »Precious Plastic Munich«, eine Projektgruppe, die es sich zur Aufgabe gemacht hat, die Münchner über Recycling aufzuklären und dort regelmäßig Workshops gibt, bei denen selbst mitgebrachtes Plastik recycelt wird. In vier Stunden lernt man Wissenswertes über Plastik, über die Wichtigkeit der Sortenreinheit, darüber wie schwierig es ist, Plastik zu recyclen und dass eigentlich nur ein Bruchteil des Plastiks, das es in die Container geschafft hat, überhaupt recycelt wird. Umso stolzer ist man dann nach dem Workshop, wenn man den gesamten Prozess des Recyclings durchlaufen hat, vom Aussortieren und Zerkleinern des Plastiks über das Einschmelzen bis hin zu einem neu geformten Produkt. Die Workshops sind kostenpflichtig und erfordern eine Anmeldung.

INFOS

Start & Ziel: Werksviertel Mitte, Eingang Ecke Friedenstraße/Atelierstraße, 81671 München
Dauer: ½ Tag
Besonderer Tipp: Die Schafe kann man übrigens entweder während einer Fahrt mit dem Riesenrad von oben aus bestaunen oder man nimmt an der öffentlichen Führung »Ein Naturprojekt im Werksviertel-Mitte« teil.

Severin, der Gründer von Precious Plastic, vor seinem Container

Die Mission von Gründer Severin ist aber viel größer: Eine Nachhaltigkeitswerkstatt möchte er schaffen, einen Anlaufpunkt für Tipps, Beratung und Austausch rund um Themen zum Schutz der Umwelt. Deswegen veranstaltet er auch regelmäßige »Repair Cafés«, zu denen man mit kaputten Gegenständen, beispielsweise Elektroartikeln oder Fahrrädern, kommen kann und wo man sich gegenseitig bei der Reparatur hilft. Frei nach dem Motto: repair, reuse, recycle. Wer anderweitig etwas Gutes tun möchte, kann im Container von Grüne Tomate Food Rescue e.V. gerettetes Obst und Gemüse erwerben, das sonst in der Tonne gelandet wäre.

Einkehr-Tipp

Authentische Thaiküche gibt's im **Khanittha** mitten im Werksviertel – stilecht auf den kleinen Plastikhockern, die man aus Thailand kennt.

7

Jugendstil & Schmankerl

Dieser Stadtspaziergang vereint prachtvolle Exemplare des europäischen Jugendstils und Münchner Schmankerl vom Feinsten.

Im hektischen Alltag vergisst man oft, seine Umgebung aktiv zu erleben und die Schönheit der Stadt München wahrzunehmen. Doch vor allem in München lohnt es sich, an vielen Ecken einmal anzuhalten und sich seine Umgebung genauer anzuschauen. Heute im Programm: Schwabing. Denn Schwabing hat eine beträchtliche Anzahl an beeindruckenden Jugendstil-Gebäuden im Repertoire, an denen die meisten auf dem Weg ins nächste Café nur vorbeilaufen. Heute heißt es also: Augen auf und staunen, denn München war zu Beginn des 20. Jahrhunderts ein Zentrum des europäischen Jugendstils, und davon zeugen heute noch einige prachtvolle Bauwerke.

Das Wort Jugendstil ist übrigens in München entstanden, in Anlehnung an die damals erschienene Zeitschrift »Jugend«. Die Architekturrichtung, die sich durch viele Farben und Verzierungen auszeichnet, ist in ganz Europa vertreten. Hochburgen sind neben München auch Wien, Prag und Barcelona.

Ein fünf Kilometer langer Spaziergang startet an der Bäckerei Huber in der Türkenstraße 85, wo man sich erst mal für die Tour stärkt. Entweder mit einer Breze und einem Kaffee to go oder mit einem kleinen Brunch im Café. Hier wird noch traditionell von Hand gebacken, seit 1886 in der vierten Generation – und das schmeckt man auch. Besonders zu empfehlen sind die Brezen und der hausgemachte Kuchen.

Der erste Jugendstilbau befindet sich in der Friedrichstraße 3. Der Architekt Hans Thaler hatte das viergeschossige Eckhaus im Jugendstil mit reichlich Putz- und Stuckelementen geplant. Ganz oben befindet sich eine Atelierwohnung, in der zur Zeit der Erbauung oft Künstler wohnten, da die Kunstakademie und zahlreiche Malschulen in der Nähe lagen.

INFOS

Start & Ziel: Friedrichstraße 3 & Leopoldstraße 77, 80801 München
Dauer & Weglänge: 2–3 Stunden, ca. 5 km
Besonderer Tipp: Wer die Tour an einem Samstag oder Sonntag macht, kann danach beim offenen Programm des Kinderkunsthauses (siehe auch nächster Tipp) vorbeischauen. Ohne Voranmeldung, gegen eine kleine Gebühr, kann hier nach Lust und Laune gestaltet und geformt werden.

Die Fassade der Franz-Joseph-Straße 19 beeindruckt mit türkis-goldenen Pfauenmotiven.

Das Gebäude hat alle für den Jugendstil typischen Elemente: geometrische und florale Formen, verzierte Giebel, Erker und Balkone.

Der Weg führt weiter Richtung Norden bis zum nächsten Stopp an der Ainmillerstraße 22, einem sehr prunkvollen Exemplar des Jugendstils und einem der prachtvollsten in ganz München. Es wurde von Ernst Haiger entworfen und besticht besonders durch seine farbenprächtigen Verzierungen und die sechs Pfeiler.

Nun geht es nur einen Block weiter östlich in die Römerstraße. Dort stechen die Hausnummern 11 und 15 besonders hervor. Das erste Haus ist ein Beispiel des neoklassizistischen Jugendstils und wurde ebenfalls von Ernst Haiger entworfen, was man auch gut an der fünfteiligen Fassadengliederung erkennt. Haus Nummer 15 ist etwas schlichter und beeindruckt vor allem mit dem prunkvollen Erker.

Die Fassade der Römerstraße 15 beeindruckt vor allem mit dem prunkvollen Erker.

Einkehr-Tipp

In Schwabing schlägt jedes kulinarische Herz höher. Wie wäre es mit dem modern eingerichteten **Thai-Restaurant Mun Mun** gegenüber dem letzten Jugendstilgebäude dieser Tour?

Es wird Zeit für eine weitere Stärkung. Auf dem Weg liegt der Elisabethmarkt, ein schön aufgemachter permanenter Markt, bei dem einfach alles gut aussieht. Man kann sich zum Beispiel einem Smoothie an der Vitalbar gönnen oder einfach von Stand zu Stand schlendern und sich inspirieren lassen.

Der Spaziergang führt weiter Richtung Westen zur Elisabethstraße 16, ein dunkelbraunes Wohnhaus, das vom Architekten Franz Popp 1907 entworfen wurde. Die zahlreichen verschnörkelten Verzierungen in Weiß heben sich besonders schön von der dunklen Fassade ab.

Nun wird ein kurzer Abstecher hoch zum Hohenzollernplatz zum »Schwabinger Hofladen« gemacht, ein schön aufgemachter Laden mit regionalen Produkten in bester Bio-Qualität. Hier kann man sich einen Snack auf die Hand und einen guten Kaffee mitnehmen.

Der nächste Stopp führt zur Franz-Joseph-Straße 19, ein Ensemble aus dunkelgrauer Fassade und weißen, goldenen und türkisen Verzierungen, sehr typischen Jugendstilfarben. Erbaut wurde es im Jahr 1903 nach den Plänen des ungarischen Architekten Ferenc Nyilas. Wie schön wäre es wohl, in diesem Haus zu wohnen? Es ist nämlich, wie die meisten Gebäude dieser Tour, ein Wohnhaus.

Die weißen Verschnörkelungen der Elisabethstraße 16

Ein stilistisch ähnliches Exemplar und Meisterwerk von Martin Dülfer befindet sich an der Gedonstraße 4, der nächsten Station.

Weitere sehenswerte Fassaden findet man an der Ohmstraße 13 und 17, die hell und schlichter gehalten sind, und schließlich gelangt man zur prunkvoll und reichlich verzierten Leopoldstraße 77. Diese stellt das Ende der Jugendstil-Tour dar und nun hat man die Qual der Wahl, in welches der unzähligen Restaurants man wohl gehen möchte.

8

Kreative Freiheit

Töpfern ist das neue Yoga und beim Zeichnen, Malen oder Basteln kann man ebenso gut abschalten. Deswegen dürfen sich im Kinderkunsthaus auch Erwachsene kreativ ausleben.

Das Motto des Kinderkunsthauses, einer gemeinnützigen, offenen und generationsübergreifenden Kreativwerkstatt, bei der Erwachsene und Kinder klassische und moderne Gestaltungstechniken erlernen, ausprobieren oder regelmäßig ausüben können, ist: »Wir möchten Kindern und Erwachsenen Momente schenken, in denen für einen Moment die Zeit stillsteht«. Jeder kann sich hier nach Lust und Laune kreativ ausleben – töpfern, zeichnen, malen, nähen, Makramees knüpfen und vieles mehr – und wird dabei von Profis unterstützt und angeleitet. Was für ein schöner Ort, um sich endlich mal wieder seiner Lieblingstätigkeit zu widmen, den Alltag für einen Moment zu vergessen oder einfach mal etwas ganz Neues auszuprobieren!

INFOS

Start & Ziel: Kinderkunsthaus, Römerstraße 21, 80801 München
Dauer: 2–3 Stunden
Besonderer Tipp: Es gibt auch Online-Mal-Workshops des Kinderkunsthauses für Kinder, Erwachsene oder Familien. Praktisch, oder? Florale Aquarelle, Handlettering oder Gips-Skulpturen – bei dem vielfältigen Angebot kann man sich kaum entscheiden.

Jeden Dienstagabend können Jugendliche und Erwachsene in der Keramikwerkstatt in entspannter Atmosphäre töpfern. Was gestaltet wird, kann jeder selbst entscheiden, eine neue Tasse für den persönlichen Gebrauch, ein persönliches Geschenk für die beste Freundin oder ein abstraktes Kunstwerk. Kompetente Workshopleiter helfen bei Bedarf gerne und man kann auch als Neuling teilnehmen. Gebrannt und glasiert werden die Töpfereien, nachdem sie vollständig getrocknet sind, im Anschluss an den Workshop. Das alles bekommt man gegen eine faire Gebühr – vorher anmelden nicht vergessen!

Am Donnerstagabend findet Art House statt. Dahinter verbergen sich klassische Näh- oder Malkurse, aber auch Spezialkurse wie Makramee oder Neonsiebdruck. Das aktuelle Programm findet man auf der Internetseite des Kinderkunsthauses.

Für Kinder ab 6 Jahren gibt es ganztägige Workshops während der Ferien oder einen zweistündigen Outdoor-Kurs, bei dem man mit Klemmbrett und Bleistift bewaffnet durch die Straßen zieht.

Am Samstag und Sonntag kann jeder, der spontan Lust auf einen kreativen Nachmittag hat, ohne Voranmeldung vorbeikommen und sich gegen eine kleine Gebühr künstlerisch

Generationsübergreifend töpfern im Kinderkunsthaus

ausleben und die Räumlichkeiten und Werkstoffe so lange nutzen, wie man möchte.

Das Kinderkunsthaus in München-Schwabing besteht schon seit mehr als zehn Jahren, bietet im Vergleich zu anderen Anbietern faire Preise und ist ein wundervoller Ort, um sich generationsübergreifend auszutoben.

Das aktuelle vollständige Programm, sowie Ferienprogramm für Kinder und Online-Workshops findet man unter kinderkunsthaus.de.

Einkehr-Tipp

Direkt nebenan kann man sich bei **FishBowl** seine persönliche Bowl am Buffet zusammenstellen lassen. Das Restaurant wurde übrigens mit dem Seafood Star 2019 für den besten Newcomer ausgezeichnet.

9

Sonnenuntergang in Fröttmaning

Ein atemberaubender Ausblick auf die Allianz Arena, die untergehende Sonne taucht die Umgebung in ein rotes Licht und nur wenige andere Menschen sind zu sehen. In den Abendstunden auf den Fröttmaninger Berg zu gehen ist ein einmaliger Feierabend-Ausflug!

Den Sonnenuntergang vom Olympiaberg aus zu bestaunen ist längst ein Klassiker, aber den Fröttmaninger Berg haben noch nicht viele entdeckt. Vielleicht weil man dazu erst mal 75 Höhenmeter und 1,5 Kilometer zu Fuß oder per Fahrrad überwinden muss. Aber keine Angst, die Teerstraße schafft jeder, der eine normale Kondition hat. Die Vorgeschichte des Berges klingt zunächst einmal wenig ansprechend: Er ist nämlich eine ehemalige Mülldeponie. Davon bekommt man heute aber aufgrund der Renaturierung wenig mit, dafür umso mehr von dem gigantischen Ausblick über die Allianz Arena und die ganze Stadt. Als wäre der Ausblick nicht schon atemberaubend genug, gibt es abends ein ganz besonderes Spektakel: einen phänomenalen Sonnenuntergang, der ziemlich einzigartig in München ist.

Man kann entweder nur zum Sonnenuntergang auf den Fröttmaninger Berg gehen oder radeln oder die nächsten Wochenendbesucher mit den schönsten Ecken Münchens beeindrucken. Dann startet man mit dem Fahrrad am Hofgarten, radelt quer durch den Englischen Garten – optional plant man ein frühes Abendessen im Biergarten am Chinesischen Turm oder in der Hirschau ein – und dann immer weiter Richtung Norden an der Isar entlang. Diese ist in den frühen Abendstunden in ein magisches Licht getaucht und lässt München noch mehr erstrahlen.

Bevor man nun den Fröttmaninger Berg erklimmt, legt man noch an der Kunstinstallation »Versunkenes Dorf« einen Stopp ein. Sie zeigt eine Kapelle, die zum Teil in einem Hügel versunken ist. Dabei handelt es sich um eine Nachbildung der nur wenige Meter entfernten

INFOS

Start & Ziel: Hofgarten & Fröttmaninger Berg, München
Dauer & Weglänge: 2–3 Stunden, ca. 12 km
Besonderer Tipp: Auf dem Fröttmaninger Berg gibt es keine Infrastruktur. Am besten nimmt man sich noch eine Flasche Wein oder zwei Radler mit und genießt dort einen einmaligen Sundowner.

Beeindruckender Sonnenuntergang am Fröttmaninger Berg im Sommer

Heilig-Kreuz-Kirche, und diese erleidet, was der originalen Kirche hätte passieren können: Sie versinkt im Müllberg.

Nun geht es aber flott nach oben, bevor man den Sonnenuntergang verpasst. Mit nur wenigen anderen teilt man sich den manchmal tiefroten, manchmal Zuckerwatte gleichenden Himmel. Und das sich drehende Windrad trägt irgendwie auch zur einmaligen Atmosphäre bei.

Einkehr-Tipp

Abendgegessen wird in einem der Münchner Klassiker im Norden des Englischen Gartens, dem **Biergarten am Chinesischen Turm** oder in der **Hirschau**.

Der östliche Teil
des Schleißheimer
Schlossparks

Ausflüge im Norden von München

10

Königlicher Spaziergang

Sich einen Nachmittag lang wie Kurfürst Max Emanuel fühlen: So kommt man sich vor, wenn man durch den weitläufigen Schlosspark in Oberschleißheim schreitet, der zu jeder Jahreszeit eine Augenweide ist.

Jeder kennt das Schloss Nymphenburg, doch nur wenige Nicht-Schleißheimer waren in der Schlossanlage Schleißheim. Dabei ist sie sehr sehenswert, und das zu jeder Jahreszeit! Denn die Anlage samt Umgebung eignet sich bestens für einen ausgiebigen Spaziergang und ist obendrein noch entzückend für das Auge. Sie kann locker mit der Schlossanlage Nymphenburg mithalten. Im Sommer ist der großzügig angelegte Park üppig bepflanzt und blüht in allen Formen und Farben. Im Herbst findet man sich in einem Traum in Orange wieder und im Winter fühlt man sich wie eine Eisprinzessin, die über ihre Ländereien streift.

INFOS

Start & Ziel: S-Bahn-Station Oberschleißheim
Dauer & Weglänge: 2–3 Stunden, ca. 5 km
Besonderer Tipp: Am östlichen Ende des Parks, nach dem Schloss Lustheim, lohnt es sich, den Hauptweg zu verlassen und versteckte Ecken und Bänke aufzuspüren, um dort die wahre Idylle des Schleißheimer Schlossparks zu genießen.

Los geht's an der S-Bahn-Station Oberschleißheim. Von dort aus lässt man zügig das Wohngebiet hinter sich und steuert Richtung Berglwald, nimmt einen der Feldwege und folgt diesem stets Richtung Süden, bis man die Parkanlage nach ca. drei Kilometern erreicht hat. Man befindet sich nun am Schloss Lustheim am östlichen Ende des Parks. Dabei handelt es sich um ein Jagd- und Gartenschlösschen, das Kurfürst Max Emanuel zu seiner Vermählung mit der österreichischen Kaisertochter Maria Antonia 1685 in Auftrag gab. Es ist 1300 Meter vom Haupthaus entfernt und sollte das Zentrum der damaligen Gartenanlage bilden. Heute ist dies eine besonders schöne Ecke des Schlossgartens, denn die meisten Besucher halten sich vorne am Hauptschloss auf.

Nun folgt man weiter der Hauptader des Schlossparks, dem Kanal, bis zum beeindruckenden Neuen Schloss, welches ebenso unter Kurfürst Max Emanuel Anfang des 18. Jahrhunderts erbaut wurde. Eine Besichtigung des Inneren ist auch lohnenswert. Es besticht mit

Der bunt bepflanzte Garten von Schloss Lustheim

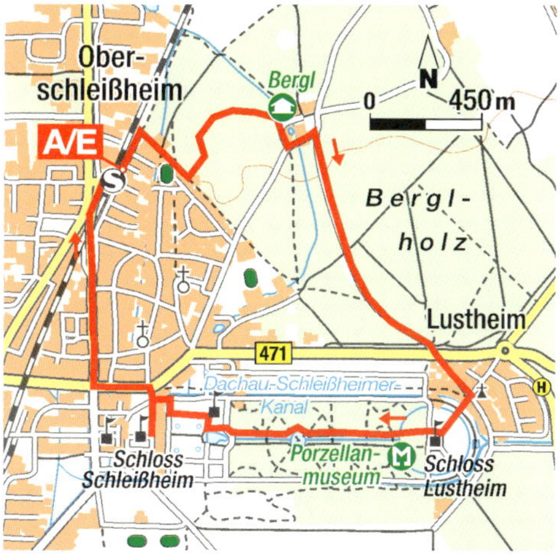

exzellenter Möbelkunst, Meisterwerken der höfischen Textilarbeit, zum Beispiel den Imperialbetten mit Baldachinhimmel, sowie atemberaubenden Deckengemälden.

Einkehr-Tipp

Gegenüber dem neuen Schloss lockt das **Schlosscafé Oberschleißheim** mit Torten, Pancakes sowie Kaffee- und Eisspezialitäten.

11

Bunte Fahrradtour

Diese ausgedehnte Fahrradtour vereint auf einer Strecke von 18 Kilometern eine bunte Mischung an lohnenswerten Zielen bei Dachau: die idyllische Würm, einen Demeter-Hofladen, das Schloss Dachau und kulinarische Schmankerl.

Im Norden von München kann man kilometerlang an der Würm, durch den Forst und über Felder radeln und den Alltag einfach mal vergessen. Und weil Fahrradfahren hungrig macht, legt man einen Stopp beim Bio-Hofladen in Obergrashof ein und speist königlich am Schloss Dachau.

Mit der S-Bahn geht es nach Karlsfeld. Von dort aus radelt man zügig los, passiert zunächst das Schloss Allach und folgt dann für einige Kilometer der langsam plätschernden Würm bis zur Regattastrecke in Oberschleißheim. Mit etwas Glück kann man hier beim bunten Treiben oder sogar bei einem Wettkampf zuschauen, bevor es auf dem Forstweg am östlichen Rande des Schwarzhölzls weitergeht, bis man den Radlring an der Schleißheimer Straße erreicht hat.

INFOS

Start & Ziel: S-Bahn-Stationen Karlsfeld & Dachau
Dauer & Weglänge: 1 Tag, ca. 18 km
Besonderer Tipp: Im Sommer kann man den Tag auch am Karlsfelder See ausklingen lassen. Dafür braucht man aber noch mal etwas Puste, um die drei Kilometer von Dachau zum See zu radeln.

Nun ist man schon fast am Hofladen in Obergrashof angekommen. Dort kann man die Fahrradtaschen mit frischen Bio-Lebensmitteln aus dem Demeter-zertifizierten eigenen Anbau füllen. Und die Kinder können in der Zwischenzeit den zutraulichen Hofesel streicheln.

Doch das eigentliche Highlight kommt erst noch. Man folgt dem Radlring für 20 Minuten weiter entlang der Schleißheimer Straße bis man am Schloss Dachau ankommt. Dort stärkt man sich wie damals Herzog Wilhelm IV. im Café auf der Schlossterrasse und kann über die königlichen Ländereien und den bunt blühenden Hofgarten blicken. Alternativ kann man einen kurzen Abstecher zum Ladencafé Samstagskinder in der Wieningerstraße 3 ganz in der Nähe machen und sich dort mit einem Pickknickkorb voller hausgemachter Leckereien ausstatten. Diesen verzehrt man dann auf den Bänken im Schlosspark bei herrlichem Blick über Dachau – und bei gutem Wetter bis in die Alpen.

Nach der Stärkung darf man es auf keinen Fall versäumen, eine Runde durch den Schlosspark zu drehen. Dieser ist besonders schön angelegt und an jeder Ecke duftet es herrlich nach Rosen, Kräutern und Margeriten.

Einkehr-Tipp

Im **Ladencafé Samstagskinder** in Dachau kann man sich einen mit hausgemachten Schmankerln gefüllten Picknickkorb abholen.

Zurück nach München kommt man mit der S-Bahn vom Bahnhof Dachau. Wer noch Zeit und Puste hat, kann den Ausflug am Karlsfelder See mit einer Erfrischung im kühlen Wasser ausklingen lassen oder weitere 20 Minuten zurück zur S-Bahn-Station Karlsfeld strampeln – oder beides.

Ein schöner Ort zum Verweilen: die Schlossmauer mit Blick über Dachau

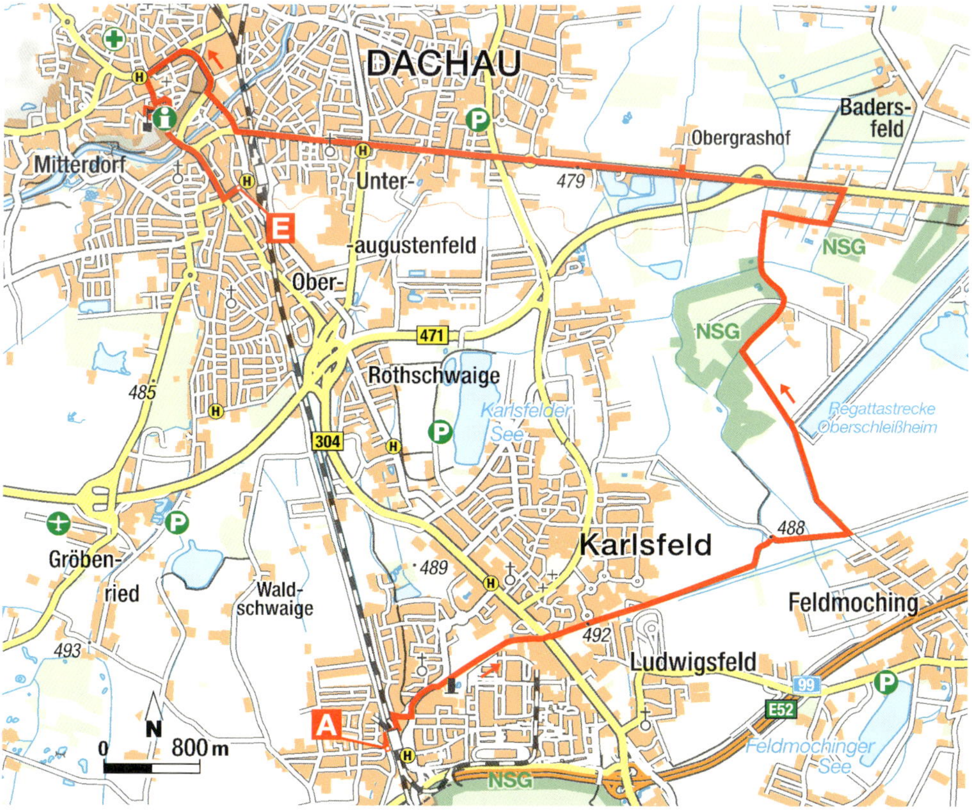

12

Auf Kaffee & Kuchen

Sonntagsspaziergang mal anders: Das Ziel dieses Spaziergangs sind Kaffee und Kuchen am Bumbaurhof in Markt Indersdorf. Ebenfalls mit von der Partie: Rehe, Ziegen, Hasen und hausgebrautes Bier.

Statt wieder mal im Englischen Garten spazierenzugehen, fährt man als schöne Abwechslung in den beschaulichen Ort Markt Indersdorf, nördlich von Dachau. Neben Kleinstadtidylle und weitläufigen Feldern gibt es hier zwei Highlights: den Bumbaurhof, ein Hofcafé mit kleinem Hofladen, in dem der selbstgebackene Sonntagskuchen vorzüglich schmeckt, und ein Rehgehege, an dem man die neugierigen Tiere beobachten kann.

Die acht Kilometer lange Tour startet an der S-Bahn-Station Niederroth. Von dort folgt man immer dem Weg entlang des Bahngleises in Richtung Norden bis nach Ried und hat nach ca. vier Kilometern Fußmarsch den Bumbaurhof erreicht. Dort wird man im Hofcafé mit einer Stärkung belohnt und das großzügige Angebot aus hausgemachten Kuchen stellt einen vor die Qual der Wahl. Hat man sich für einen Kuchen aus der täglich wechselnden Auswahl entschieden, kann man diesen in entspannter Atmosphäre im gemütlichen, sonnigen Innenhof genießen. Die Eier, die für das Gebäck verwendet werden, stammen übrigens von den hofeigenen Hühnern. Für Kinder gibt es auch allerhand zu entdecken: Ziegen, Hasen und Esel, die auf Streicheleinheiten warten. Bevor weitermarschiert wird, kann man sich im Hofladen noch mit hausgemachten Eiernudeln oder dem selbstgebrauten Bier vom Tobiasbräu eindecken.

Nun geht es weiter Richtung Südwesten zum nächsten Highlight, dem Wildgehege. Da hier öfter Besucher vorbeilaufen, sind die Rehe sehr zutraulich und kommen gerne zur Begrüßung an den Zaun (die Tiere bitte trotzdem nicht füttern). So nah bekommt man ein Reh live und in Farbe selten zu Gesicht – das beeindruckt selbst Erwachsene. Merken die Rehe aber, dass die Besucher kein Futter dabeihaben, rümpfen sie die Nase und ziehen schnell wieder ab.

INFOS

Start & Ziel: S-Bahn-Station Niederroth
Dauer & Weglänge: ½ Tag, ca. 8 km
Besonderer Tipp: Diese Tour kann auch als Fahrradtour mit der ganzen Familie gemacht werden. Wer eine längere Strecke fahren möchte, kann die Tour auch andersrum und über Schwabhausen fahren.

Dem hausgemachten Kuchen des Bumbaurhofs kann niemand widerstehen.

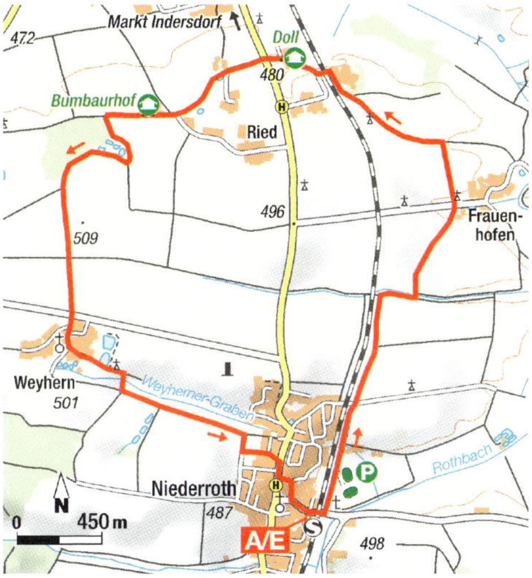

Nachdem die wilden Artgenossen ausgiebig bestaunt wurden, hat man noch knapp zwei Kilometer Fußmarsch bis zur S-Bahn-Station in Niederroth vor sich.

Einkehr-Tipp

Im **Butcher's Bar & Grill** im Zentrum von Markt Indersdorf kann man den Tag mit Steak, Burger und Cocktails in cooler Atmosphäre ausklingen lassen.

13

Ausflug in die weite Welt

Eine echte Alternative zum üblichen Spaziergang vor der Haustür, die auch noch interessant und äußerst lehrreich ist: In den Weltwald Freising kommt man gerne öfter, egal ob im Frühling, Sommer, Herbst oder Winter.

Im Weltwald Freising kann man im Zuge eines ausgedehnten Spaziergangs über 300 Baumarten aus Nordamerika, Asien und Europa entdecken. Der Weltwald ist frei zugänglich, kinderwagentauglich und sehr natürlich in den Kranzberger Forst bei Freising integriert. Themenpfade führen Besucher entlang verschiedener Routen und kleine Hinweisschilder klären über die internationalen Baumarten auf.

Besonders exotisch wird es auf dem Themenpfad Mittel- und Ostasien. Dort findet man beispielsweise den Urweltmammutbaum, der vor allem durch seinen roten, aus breiten Holzleisten bestehenden Stamm beeindruckt. Oder man kann die sehr charakteristische Sicheltanne, die eine fast korallenartige Form annimmt, bestaunen. Ein Highlight ist auch der Asiengarten mit einer prunkvollen Pagode im Mittelpunkt.

Ein Spaziergang durch den Weltwald Freising ist unaufgeregt, aber dennoch sehr lohnenswert und interessant. Egal ob im Sommer oder Winter, mit Kind, Partner oder Hund, der Wald stellt eine tolle Abwechslung dar. Für Kinder gibt es auch ein paar kleine Spielplätze, die themenspezifisch gestaltet wurden. Auf dem Nordamerika-Pfad beispielsweise warten Tipis und ein Marterpfahl auf Spielgenossen.

Auf dem Rückweg kann man noch bei Wimmer's Hofladen in der Riegerau 21 in Marzling vorbeifahren und sich mit regionalem, frischem Obst und Gemüse eindecken. Im Frühling ist der Spargel vom eigenen Feld zu empfehlen!

Am Weltwald Freising gibt es mehrere kostenlose Parkplätze. Zwei gut ausgeschilderte befinden sich an der Bundesstraße 2084, die von Allershausen nach Freising führt. Die Parkplätze sowie der Weltwald selbst sind kostenlos – und Hunde sind auch willkommen.

INFOS

Start & Ziel: St 2084, 85402 Kranzberg
Dauer & Weglänge: 2–3 Stunden, ca. 1–3 km pro Themenpfad
Besonderer Tipp: Die Weltwald-App hilft bei der Suche nach den richtigen Pfaden und hält spannende Informationen zu den Baumbeständen bereit.

Enkerl-Tipp

Deftige griechische Stärkung gibt es im **Delphi** in Freising – im Sommer auch auf der Terrasse.

Im Weltwald kann man verschiedene Themenpfade entdecken, wie den Nordamerika-Pfad.

14

Frisch geerntet

Natur pur gibt's auf dieser Fahrradtour: Obst zum selber pflücken, weitläufige Landschaften und freudige Rehe – klingt das nicht nach einem gelungenen Spätsommerausflug?

Bei der Runde durch Ismaning kann man sich so richtig auspowern, kommt an den schönsten Ecken der Stadt vorbei und erlebt gleich mehrere Highlights. Und wer möchte, kann die Tour auch mit einem Badeaufenthalt am Finsinger Weiher kombinieren.

Die Fahrradtour startet an der S-Bahn-Station Ismaning. Man radelt zunächst Richtung Süden entlang der Aschheimer Straße. Nach wenigen Minuten hat man den Ort hinter sich gelassen und den Speichersee erreicht, wo man scheinbar in eine andere Welt eintaucht: Die spiegelglatte Wasseroberfläche, die unendlich wirkt, fröhliches Vogelgezwitscher und stolze Schwäne, die durch das Wasser gleiten schaffen eine einmalige und friedliche Atmosphäre. Am Speichersee entlang führt ein Spazier- und Fahrradweg, dem man für ca. sechs Kilometer folgt. Hier kann man die Ruhe vollends genießen.

INFOS

Start & Ziel: S-Bahn-Station Ismaning
Dauer & Weglänge: 1 Tag, ca. 20 km
Besonderer Tipp: Auch der Hofladen des Holzerhofs im Zentrum von Ismaning ist einen Stopp wert.

Am Damm des Speichersees angekommen kann, wer möchte, auch weiter zum Finsinger Weiher radeln, was noch mal knapp drei Kilometer mehr Strampeln bedeutet. Der Finsinger Weiher ist ein kleiner, aber feiner Badesee mit Kiosk. Er eignet sich perfekt für eine kurze Erfrischung zwischendurch oder eine kleine Pause zur Stärkung.

Alternativ folgt man am Ende des Speichersees der eigentlichen Route Richtung Norden zur Obstwiese des Holzerhofes in der Bruckmairstraße 15 in Ismaning. Dort kann man von Anfang September bis Anfang Oktober selbst Obst in Bio-Qualität vom Baum pflücken. Man hat die Wahl zwischen verschiedenen Apfelsorten, Birnen, Zwetschgen und Trauben. Um sich bei dieser großen Auswahl entscheiden zu können, darf man sogar direkt vom Baum naschen.

Die Satteltaschen vollgepackt, geht es nun zurück Richtung Ismaning. Auf dem Weg liegt noch ein Wildgehege mit sehr heiteren Rehen, die ganz neugierig an den Zaun kommen, um die Besucher unter die Lupe zu nehmen. Füttern sollte man die Tiere selbstverständlich nicht.

Zurück in Ismaning, kann man noch einkehren oder direkt mit der S-Bahn nach Hause fahren.

Im Spätsommer kann man auf der Obstwiese des Holzerhofes Bio-Obst selbst pflücken.

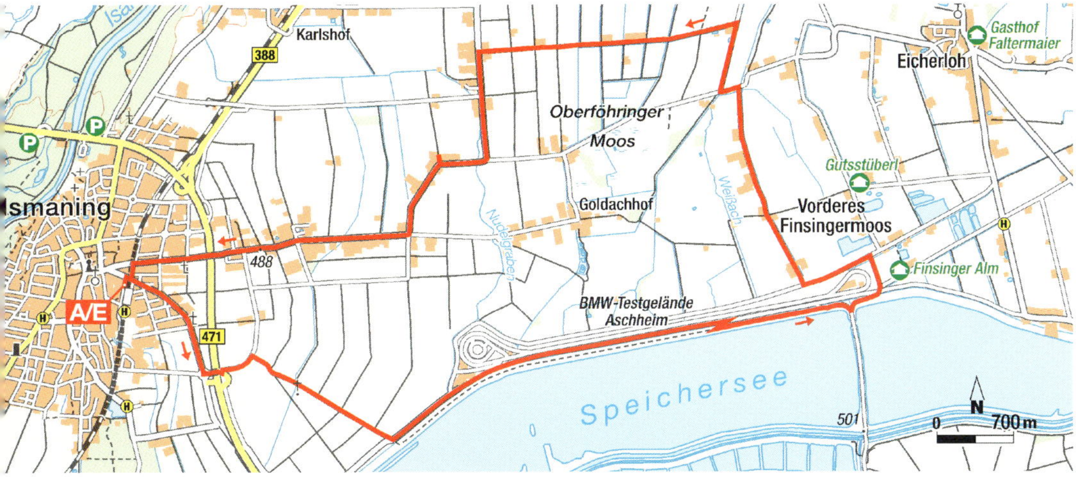

Einkehr-Tipp

Bayerisches Wirtshaus modern interpretiert: Im **Griaß di Resi** in Ismaning bekommt man traditionelle bayerische Kost und urige Gemütlichkeit auf höchstem Niveau und in Topqualität.

Am Ismaninger Speichersee führt ein idyllischer Weg direkt am Ufer entlang.

15

Gin Tasting

Eine spritzige Idee für regnerische Tage: Bei einer Gin-Verkostung in der Münchner Gin-Destillerie The Duke erfährt man Wissenswertes über das Kultgetränk.

Die Idee der beiden Gründer Max und Daniel von The Duke entstand bereits, bevor das Getränk seinen Kultstatus erreicht hatte, und doch ist die Gin-Marke noch ziemlich jung. Seit 2018 wird in der The Duke Destillerie in Aschheim »Munich Dry Gin« hergestellt. Schon von außen beeindruckt die Destillerie, die übrigens früher eine Kartoffelbrennerei war, mit ihrer schönen Backsteinfassade.

Bei regelmäßigen Führungen mit Verkostung kann man hinter die Kulisse der sehr sehenswerten Destillerie blicken und erhält aufschlussreiche Details über die Herkunft und Geschichte des Gins. Er stammt übrigens nicht, wie viele glauben, aus England. Man lernt mehr über die Produktionsschritte von der Mazeration über die Destillation bis hin zur hauseigenen Abfüllung und bekommt einen kleinen Einblick in die eigentlich streng geheimen Zutaten, die jeden Gin so einzigartig machen. Der The Duke Gin basiert auf den vollmundigen Aromen von unbehandelten Wacholderbeeren, verfeinert mit diversen Gewürzen wie Koriander, Zitronenschalen, Lavendelblüten und weiteren Botanicals. Alle Kräuter werden aus rein biologischem Anbau bezogen, um höchsten Geschmack und Qualität des The Duke Gins zu garantieren.

Die Destillate werden in handgefertigten Kupferdestillen mit viel Leidenschaft, alter Handwerkskunst und Hingabe auf traditionelle Art und Weise gefertigt. Hierzu gehören übrigens auch Wodka und verschiedene Liköre.

Und natürlich wird auch Tasting-Know-how vermittelt: Man lernt die verschiedenen Gewürze, die zur Verfeinerung der Destillate eingesetzt werden und jeden Gin einzigartig machen, herauszuschmecken. Dafür werden pur verschiedene Destillate verkostet und die Sinne für deren Eigenarten geschärft.

Die Führung und Verkostung bei The Duke ist ein rundum empfehlenswerter Ausflug und eine tolle Schlechtwetteralternative. Eine Voranmeldung ist zwar notwendig, für zwei bis drei Personen gibt es aber oft kurzfristig noch freie Plätze.

INFOS

Start & Ziel: Feldkirchner Straße 1, 85609 Aschheim
Dauer: 2–3 Stunden
Besonderer Tipp: Es gibt übrigens auch Online-Gin-Verkostungen, bei denen man das Verkostungs-Set mit verschiedenen Gins und Tonics nach Hause geschickt bekommt und dann bequem vom Sofa aus testet.

Die Gin-Destillerie besticht schon von außen mit ihrer schönen Backsteinfassade.

Einkehr-Tipp

Schräg gegenüber lässt das stylisch eingerichtete **Bell's Steakhouse** keine Steak-Wünsche offen.

Verkostung mit verschiedenen Destillaten

Natur pur am Mittersee
in Reit im Winkl

Ausflüge im Osten von München

16

Zum Steinsee

Ein gemütlicher Spaziergang entlang des Sees, eine Bank mit Blick auf die bayerischen Voralpen und ein Restaurant direkt am Wasser mit Sonnenterrasse – was will man mehr an einem schönen Sonntag?

Der Steinsee ist ein unscheinbarer See und obendrein der größte Badesee im Landkreis Ebersberg. Er besticht mit seiner idyllischen Lage, der naturbelassenen Art und dem Komfort des Restaurants »Am Steinsee«. Im Sommer kann man am Ufer des Freibads baden. Die restlichen Ufergebiete stehen unter Naturschutz und dürfen nicht zum Baden genutzt werden.

Aber auch für einen ausgiebigen Sonntagsspaziergang im Frühling oder Herbst lohnt der Ausflug zum Steinsee. Man kann direkt am See parken und läuft dann zunächst am südlichen Ufer entlang des Sees, entweder auf dem kleinen Trampelpfad durch den Wald oder auf dem etwas oberhalb liegenden Schotterweg.

Ist man am östlichen Ende des Sees angekommen, kann man kurz innehalten und die spiegelglatte Wasseroberfläche bestaunen. Nun läuft man weiter Richtung Süden, die Anhöhe hinauf, von der sich ein Blick auf ein herrliches Bergpanorama bietet. Man läuft weiter immer Richtung Adling/Glonn, bis man an einer Aussichtsbank mit erneutem Blick auf die Alpen ankommt. Hier kann man seine Brotzeit auspacken und die schöne Umgebung genießen.

Danach geht es zurück und es bietet sich noch ein Abstecher zum kleinen, im Wald gelegenen Kitzelsee an. Dort darf man zwar nicht baden, findet aber eine einzigartige und versteckte Ruheoase vor, an der man gerne eine kurze Pause einlegt. Zurück geht es dann auf der nördlichen Seite des Steinsees entlang des Ufers im Wald bis zum Restaurant am Steinsee. Hier kann man den restlichen Nachmittag bei Kaffee und Kuchen auf der Terrasse, die bei schönem Wetter übrigens ganzjährig geöffnet hat, genießen oder sich im Sommer im Strandbad auf die Wiese legen.

Man kann den Ausflug auch noch mit einem Besuch der Herrmannsdorfer Landwerkstätten erweitern und dort dem Ursprung der schmackhaften, handgemachten Lebensmittel wie Fleischwaren, Brot und Käse auf den Zahn fühlen – oder sogar an einer der interessanten Hofführungen teilnehmen.

INFOS

Start & Ziel: Niederseeon 17, 85665 Moosach
Dauer & Weglänge: 2–3 Stunden, ca. 6 km
Besonderer Tipp: Das Gebiet um den Steinsee, zwischen Moosach, Bruck und Glonn, bietet sich auch für ausgiebige Fahrradtouren an – am besten kommt man mit dem Mountainbike.

Die spiegelglatte Wasseroberfläche des Steinsees lädt förmlich zum Hineinspringen ein.

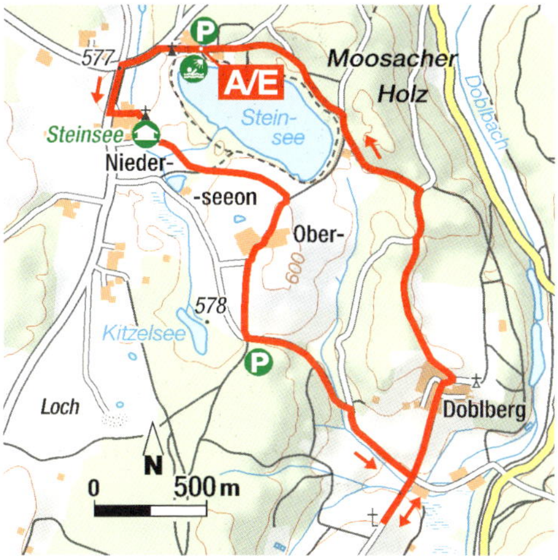

Einkehr-Tipp

Auf dem Herrmannsdorfer Hof in Glonn wird man mit den hauseigenen, handgefertigten Lebensmitteln im **Wirtshaus zum Schweinsbräu** verwöhnt – unbedingt das selbst gebraute Bier probieren!

17

Abenteuer-Wochenende vom Feinsten

Mal wieder Lust auf ein actionreiches Wochenende? Etwas Neues ausprobieren? Und Spaß mit den Liebsten haben? Dann ist das Adventure Camp Schnitzmühle genau das Richtige!

Das Adventure Camp Schnitzmühle liegt im beschaulichen Bayerischen Wald nahe Viechtach. Doch es ist so ganz anders als seine idyllische Umgebung. Denn im Adventure Camp gibt es allerhand zu erleben und zu entdecken und für jeden Geschmack ist das Passende dabei. Das beginnt schon bei der Unterkunft: Es gibt einfache Zeltplätze oder Camperstellplätze, urige Zimmer im Haupthaus, der »Hacienda«, offene und organische Lodges oder stylische Tiny Houses direkt am Fluss.

Doch das Camp glänzt auch mit unterschiedlichsten Aktivitäten: Man kann am Badesee La Laguna so richtig ausspannen, mit dem Kanu direkt vom Camp aus auf dem schwarzen Regen paddeln, sich auf dem Sportplatz austoben oder auf der Camp-eigenen Reitanlage einen Kindheitstraum erfüllen. Und in der Umgebung des Camps, dem Bayerischen Wald, schlägt sowieso jedes Outdoor-Herz höher, denn die Möglichkeiten sind hier nahezu unbegrenzt: Wandern, Mountainbiken, Canyoning, Baden und vieles mehr. Am Abend ist ebenfalls für Unterhaltung gesorgt. Im Thai Bay Restaurant wird man mit Fusion Food »global regional« verwöhnt und danach kann man den Tag noch bei einem Drink in der Bongo Bar ausklingen lassen.

Am nächsten Morgen holt man sich dann Brötchen im Hofladen des Camps und sucht sich eine neue Aktivität aus. »Weit weg vom Rest der Welt« ist der Slogan des Camps, und genau so fühlt man sich dort auch. Besonders gemütlich sind die Blockhütten direkt am Fluss, die eine kleine private Terrasse haben und etwas abseits vom Trubel des Campingplatzes liegen. Und nach einem actionreichen Tag kann man sich im Camp-Spa, das mit einem Hotelspa auf jeden Fall mithalten kann, entspannen und hat die Qual der Wahl zwischen zwei Saunen, einem Outdoor-Whirlpool und mehreren stylischen Ruhebereichen. Auch

INFOS

Start & Ziel: Schnitzmühle 1, 94234 Viechtach
Dauer: Ein Wochenende oder länger
Besonderer Tipp: Nur 25 Minuten vom Camp entfernt befindet sich der Bike-Park Geisskopf mit zwei Liften und 13 verschiedenen Mountainbike-Trails.

Abenteuer für Groß und Klein verspricht das Adventure Camp Schnitzmühle.

Massagen und weitere Spa-Anwendungen können gebucht werden.

Na, überzeugt? Egal ob mit der ganzen Familie, dem Team, dem besten Freund oder den Mädels, das Adventure Camp Schnitzmühle ist immer eine gute Idee! Man kann sogar mit der Waldbahn anreisen, die direkt am Camp hält.

Einkehr-Tipp

Sogar im Essen ist eine Prise Abenteuer: Im **Urwald-Restaurant Thai Bay** gibt es Gerichte mit dem gewissen Extra.

18

Entspannen im Baumhaus

Einfach einmal dem Alltag ein Wochenende entfliehen, entschleunigen und die Seele baumeln lassen – wo geht das einfacher als in der Natur? Und wo ist man der Natur so nah wie nirgendwo anders? Genau, in einem Baumhaus.

Das Baumhaus des Hofgutes Hafnerleiten ist ein wundervoll friedlicher Ort in Bad Birnbach in Niederbayern, an dem man alles um sich herum vergessen kann. Und es ist gar nicht so, wie man sich ein Baumhaus vorstellt, sondern äußerst komfortabel, modern eingerichtet und mit 40 Quadratmetern größer als so manches Hotelzimmer. Vom Ausblick auf den Wald ganz zu schweigen. Perfektioniert wird die Wohlfühlatmosphäre noch durch das Knistern des Kamins und die Sonne, die einen am Morgen durch die große Fensterfront weckt. Hier kann man gar nicht anders als entspannen und vollends genießen, und das bewusst ohne WLAN und Internetempfang. Als wäre das Baumhaus an sich nicht schon etwas ganz Besonderes, wird man obendrein kulinarisch mindestens genauso gut verwöhnt. Am Nachmittag kann man im Hofcafé einen der selbstgebackenen Kuchen und Kaffeespezialitäten genießen, den Abend mit einem Aperitif im Innenhof einleiten und sich beim Abendessen durch viele lokale oder selbstgemachte Spezialitäten schlemmen.

Und wem das noch nicht genug ist, der kann an verschiedenen Kursen und Verkostungen teilnehmen – auf dem Hofgut Hafnerleiten kommt sicher keine Langeweile auf. Man kann zum Beispiel einen Baristakurs besuchen und alles über die Kunst der Kaffeezubereitung erfahren, oder an Kochkursen mit verschiedenen Themen teilnehmen. Genau das Richtige für Outdoor-Liebhaber ist der Grillkurs, bei dem man lernt, auf einem Feuerring am offenen Lagerfeuer zu grillen. Und eine Bierverkostung darf natürlich auch nicht fehlen. Anhand verschiedener Sorten wird analysiert, wie das Bier schäumt, perlt und wie man es trinkt, um alle Facetten zu schmecken.

INFOS

Start & Ziel: Brunndobl 16, 84364 Bad Birnbach
Dauer: Ein verlängertes Wochenende
Besonderer Tipp: Auf dem Hofgut Hafnerleiten ist jede Unterkunft liebevoll und individuell gestaltet: ein Haus am See oder am Wald mit eigener Sauna, Badewanne, Kamin oder Feuerstelle – perfekt zum Entspannen.

Eine der einzigartigen Unterkünfte des Hofguts ist das Baumhaus inmitten eines Birkenwaldes.

Die herzliche Familie Rückerl und das gesamte Hafnerleiten-Team sind höchst bemüht, einen Aufenthalt auf dem Hof so angenehm wie möglich zu machen und tragen maßgeblich zu dem einmaligen Erlebnis bei. Hier verbringt man gerne ein verlängertes Wochenende und kommt wie neugeboren zurück nach Hause! Und Hunde werden genauso herzlich empfangen.

19

Mit dem Schlauchboot auf der Alz

Mindestens genauso viel Spaß wie auf der Isar macht Schlauchbootfahren auf der Alz. Und es ist auch noch weniger überlaufen.

An heißen Sommertagen macht ein Ausflug am meisten Spaß, wenn er ans Wasser führt, wo eine kühle Erfrischung winkt. Und am allermeisten Spaß macht eine Schlauchbootfahrt. Waschechte Münchner sind alle schon einmal mit dem Schlauchboot von Wolfratshausen bis Thalkirchen gefahren, was zweifelsohne ein vergnügliches Erlebnis ist. Was aber spricht dagegen, einmal eine andere Himmelsrichtung einzuschlagen und an den schönen Chiemsee zu fahren und von dort auf die Alz zu starten?

Los geht's in Seebruck am Chiemsee. Dort kann man neben dem Minigolfplatz parken und das Schlauchboot direkt bei der Floßablegestelle in der Haushoferstraße einsetzen. Mit reichlich Verpflegung, Getränken, Schwimmtieren und Wasserpistolen ausgestattet, schippert man dann ganz gemütlich los. Die Strömung der Alz ist in der Regel sehr angenehm, was ein zügiges Vorankommen bei wenig Paddeleinsatz bedeutet. Zudem ist der Fluss sehr flach, ähnlich wie die Isar, was ihn ebenfalls für eine Schlauchbootfahrt, auch für Unerfahrene, prädestiniert. Während der Fahrt kommt man immer wieder an Kiesbänken vorbei, an denen man eine Pause einlegen, picknicken oder sich einfach zwischendurch mal die Sonne auf den Bauch scheinen lassen kann. Bei der Fahrt auf der Alz muss man nicht übersetzen, was die Tour sehr entspannt macht.

Nach sieben Kilometern und ein paar Stunden später erreicht man Truchtlaching. Dort ist das Ende der Fahrt und man steigt am besten 100 Meter vor der Holzbrücke aus. Von dort aus gibt es im Sommer einen Shuttle-Bus zurück nach Seebruck. Über den aktuellen Fahrplan informiert man sich aber besser vorher bei der Gemeinde Seeon-Seebruck.

Einen Tag vor der Schlauchbootfahrt sollte man sich über die Bedingungen und vor allem

INFOS

Start & Ziel: Haushoferstraße, 83358 Seeon-Seebruck & Truchtlaching
Dauer & Weglänge: 1 Tag, ca. 7 km
Besonderer Tipp: Wer es wilder mag, kann die zehn Kilometer lange Wildwasserstrecke von Truchtlaching bis Altenmarkt nehmen – dafür sollte man aber schon etwas Erfahrung mitbringen.
Achtung: Schlauchbootfahren auf der Alz ist erst ab Juli jeden Jahres erlaubt.

Schlauchbootfahren auf der Alz macht mit einer kleinen Gruppe am meisten Spaß.

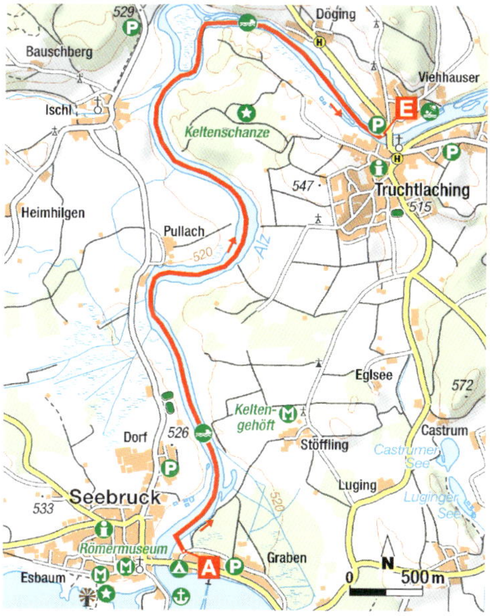

den Wasserspiegel erkundigen. Wenn es viel geregnet hat und der Wasserspiegel hoch ist, ist von einer Fahrt abzuraten.

Einkehr-Tipp

Gesunde und vegane Küche gibt es direkt bei der Bootseinsatzstelle im stylischen **Green Food**. Wer eher deftige Biergartenkost bevorzugt, kann sich etwas weiter südlich für das **Wirtshaus SEEside** am Campingplatz Kupferschmiede entscheiden.

20

Für Kratter

Der wohl am leichtesten erreichbare Klettersteig in Bayern und die wohl besten Windbeutel der Welt gibt es im Chiemgau. Und das Beste: Auch Nicht-Kletterer kommen auf ihre Kosten.

Klettersteige sind oft nur in Kombination mit längeren Bergwanderungen erreichbar, was für viele Anfänger abschreckend wirken mag. Zum Klettersteig mit dem Schwierigkeitslevel C in Reit im Winkl braucht man vom Parkplatz aus nur wenige Gehminuten. Doch er steht schwieriger erreichbaren Klettersteigen in nichts nach und bietet sogar ein besonderes Highlight: Man klettert über einem Wasserfall und kann diesen von weit oben bis ins Tal rauschen sehen. Zum krönenden Abschluss überquert man noch eine Baumstammbrücke.

Da der Klettersteig auch einen kleinen Teil vom Schwierigkeitsgrad C enthält, sollte man zuvor schon einmal einen A/B-Klettersteig durchstiegen haben oder besonders mutig und trittsicher sein.

Das Schöne bei diesem Klettersteig ist, dass Freunde und Familienmitglieder, die nicht klettern wollen, gleichzeitig loswandern können und den Kletterer am Ende des Klettersteiges jubelnd in Empfang nehmen können. Dafür benutzen die Begleiter einfach den Abstiegsweg des Klettersteigs.

Nachdem der Klettersteig durchschritten ist, können alle gemeinsam noch die kurzweilige Wanderung hoch zum Wetterkreuz gehen. Bis zum Gipfelkreuz ist es nur knapp eine Stunde und man wird mit einem fantastischen Blick über ganz Reit im Winkl belohnt. Einige Bänke laden dort zum Brotzeitmachen und Ausblickgenießen ein. Nach so viel sportlicher Betätigung kann man nach der Wanderung noch zur Windbeutelgräfin in Ruhpolding fahren und die wohl besten Windbeutel der Welt in einer urigen Kulisse genießen.

Parken kann man kostenlos an der Tourist-Info in Reit im Winkl. Von dort aus geht man einfach Richtung Berge, die unübersehbar sind, passiert eine Bäckerei, an der man sich noch mit Brotzeit ausstatten kann, läuft durch den Barfußpark und hat in 15 Gehminuten den Einstieg des Klettersteigs erreicht. Davor gibt es auch noch eine kleine Übungsstrecke, an der sich Anfänger versuchen können. Achtung: Bereits bei leichter Nässe ist dieser Klettersteig sehr rutschig und sollte aus diesem Grund nur bei trockenen Bedingungen bestiegen werden.

INFOS

Start & Ziel: Tourist-Info, Dorfstraße 38, 83242 Reit im Winkl
Dauer: ½ oder 1 Tag
Besonderer Tipp: Für den Klettersteig ist ein Klettersteigset nötig, das z. B. über den DAV ausgeliehen werden kann.

Einkehr-Tipp

Wenn man den Abstieg vom Wetterstein über die Hutzenalm nimmt, kommt man an der **Stoaner Alm** im Tal vorbei. Bei bestem Bergblick kann man sich dort auf der Sonnenterrasse stärken.

Vom Steig aus hat man einen beeindruckenden Blick über Reit im Winkl und den Hausbachfall.

21

Naturbaden

Am Bergsee-Trio Mittersee, Weitsee und Lödensee bei Ruhpolding ist Natur pur angesagt. Die Seen liegen in atemberaubender Bergkulisse und sind komplett naturbelassen. Hier kann man die Seele baumeln lassen.

Was gibt es Schöneres, als an den ersten Sommertagen des Jahres ein paar Züge im See zu schwimmen und die zarten Sonnenstrahlen zu genießen? Die drei Seen Weitsee, Mittersee und Lödensee stellen ein wahres Naturidyll dar und sind eine perfekte Alternative zu den allseits bekannten Seen im Münchner Umland. Sie liegen malerisch eingebettet in den Chiemgauer Alpen zwischen Ruhpolding und Reit im Winkl und sind dennoch sehr leicht erreichbar.

Die Seen sind komplett naturbelassen und bieten ausgiebig Platz für alle Besucher zum Baden, Sonnen, Plantschen, Picknicken und Entspannen. Zudem weisen sie eine hervorragende Wasserqualität auf. Der Weitsee ist mit seiner großen Liegewiese am östlichen Ufer der meistbesuchte der drei Seen. Etwas beschaulicher geht es am Mittersee und am Lödensee zu. Die Wiesen um diese beiden Seen sind miteinander verbunden und dienen im Sommer als Weidefläche für Kühe – diese fühlen sich aber von den Badegästen nicht gestört.

Für Familien mit kleinen Kindern sind der Mittersee und der Lödensee sehr gut geeignet, da das Wasser dort flach abfällt und die Kleinen am Rand plantschen können. Luftmatratzen und Surfbretter sind auf den Seen auch erlaubt. Da alle drei Seen im Naturschutzgebiet liegen, ist das Baden nur an den ausgewiesenen Stellen gestattet.

Die Parkmöglichkeiten an den Seen sind sehr begrenzt. Deswegen kann man einen Badebesuch auch mit einer flachen Wanderung verbinden: Vom Parkplatz Seegatterl an der Staatsstraße 305 kurz vor den Seen läuft man noch vier Kilometer zum Weitsee. Und das Beste: Nach dem Seebesuch ist die Knogleralm, die in herrlicher Kulisse direkt am Berg liegt, nicht mehr weit.

An keinem der Seen gibt es einen Kiosk oder sonstige Annehmlichkeiten. Deswegen unbedingt ausreichend Wasser, Proviant und Sonnenschutz mitbringen.

INFOS

Start & Ziel: Ruhpolding oder Reit im Winkl
Dauer: ½ Tag
Besonderer Tipp: Wer noch etwas länger wandern möchte, kann sich für die zehn Kilometer von Reit im Winkl aus entscheiden.

Einkehr-Tipp

Vom Parkplatz Seegatterl aus lohnt es sich, die 20 Minuten bis zur **Knogleralm** zu wandern, wo es beste bayerische Speisen in idyllischer Lage gibt.

Der flach abfallende Mittersee ist besonders für Familien mit Kindern geeignet.

Bilderbuch-Ausblick während des Aufstiegs auf die Auerspitz

Ausflüge
im Süden von
München

22

Bergsteigen & Sahnetorten

Eine aussichtsreiche Wanderung mit kurzem Anfahrtsweg und anschließend ein großes Stück Sahnetorte auf der Sonnenterrasse – klingt das nicht nach einem gelungenen Wochenendausflug? Eine Wanderung auf den Breitenstein ist doppelt lohnenswert!

In nur knapp einer Stunde erreicht man mit der Bayerischen Regiobahn den Voralpenrand, genauer gesagt das beschauliche Fischbachau im Leitzachtal am Fuße des Breitensteins. Diesen gilt es dieses Wochenende zu erklimmen und dabei kann man sogar zwei Gipfelkreuze erobern und einen Blick auf den ehrfürchtigen Wendelstein erhaschen.

Die Rundwanderung auf den Breitenstein ist technisch einfach. Die 800 Höhenmeter bringen aber den ein oder anderen gut ins Schwitzen. Für Auf- und Abstieg sollte man insgesamt ca. viereinhalb Stunden reine Gehzeit einplanen. Beim Aufstieg folgt man stets dem breiten Forstweg und den Schildern Richtung Breitenstein über die Bucheralm, bis man das Gipfelkreuz des Bocksteins am Sattel erreicht hat. Hier sollte man auf jeden Fall eine Rast einlegen und den Ausblick genießen, denn er ist mindestens genauso schön wie der vom Breitenstein-Gipfel.

Nun fehlen noch ein paar ausdauernde Schritte hoch hinauf zum Breitenstein, den man nach ca. 30 Minuten erklommen hat. Vom Gipfelkreuz aus hat man einen tollen Blick über Fischbachau und auf den Wendelstein. Direkt unterhalb des Gipfels kann man in der Hubertushütte einkehren, die im Windschatten des Gipfels liegt und auch an kühleren Tagen zum Verweilen einlädt. Das Schöne an dieser Wanderung ist, dass sie eine Rundtour ist und somit sehr abwechslungsreich. Hinunter ins Tal geht es nämlich über die Südseite. Dabei passiert man eine weitere Einkehrmöglichkeit, die Kesselalm, welche mit einer hoch oben gelegenen, aussichtsreichen Terrasse imponiert.

INFOS

Start & Ziel: Birkensteinstraße 96, 83730 Fischbachau oder Bahnhof Fischbachau
Dauer & Weglänge: 1 Tag, ca. 9 km
Besonderer Tipp: Auch im Winter ist diese Wanderung ein tolles Erlebnis. An schönen Tagen hat die Kesselalm sogar geöffnet und bei gutem Schnee kann man den Almweg hinunterrodeln! Über die Schneebedingungen und Öffnungszeiten erkundigt man sich am besten vorab bei der Kesselalm telefonisch.

Ausblick vom Bockstein auf das Tal

Doch man sollte sich noch etwas Hunger für die üppigen Tortenstücke im Café Winklstüberl in Fischbachau nach der Wanderung aufheben. Dieses ist immer sehr gut besucht, deswegen holt man sich am besten ein Stück im Straßenverkauf und verzehrt es einfach auf der Wiese nebenan oder – wenn man es schafft, so lange abzuwarten – zu Hause.

Einkehr-Tipp

Der sympathische Wirt, die tolle Aussicht von der Terrasse aus und der überdurchschnittlich leckere Kaiserschmarren sind das Ausharren bis zur **Kesselalm** wert!

23

Zum Bergsee

Eine aussichtsreiche und familienfreundliche Wanderung zu einem imposanten Bergsee ist genau das Richtige für ein Sommerwochenende. Und im Soinsee kann man sogar baden!

Der Soinsee ist spektakulär gelegen und leicht erreichbar. Er schmiegt sich imposant an die Felswände der Ruchenköpfe auf 1458 Metern Höhe im Mangfallgebirge und man erreicht den See in ca. zwei Stunden von Bayrischzell über einen breiten Forstweg. Nur die letzte halbe Stunde führt über einen schmalen Wanderpfad, der ebenso einfach zu meistern ist.

Der See selbst ist zwar eiskalt, doch lassen es sich hartgesottene Wanderer im Sommer nicht nehmen, hineinzuspringen. Aber auch zum Füßeabkühlen bietet der Soinsee eine einmalige Kulisse.

Eine Einkehrmöglichkeit gibt es während dieser Wanderung nicht. Am besten bringt man sich eine Brotzeit mit, die man auf dem kleinen Wiesenstreifen und den Felsen um den See herum verzehren kann. Die umliegenden Bäume spenden reichlich Schatten und man kann locker ein bis zwei Stunden am See verbringen, bevor man wieder über den gleichen Weg absteigt.

Sehr lohnenswert ist übrigens auch der Aufstieg über den Gipfel der Auerspitz, der etwas oberhalb des Sees auf 1811 Metern liegt. Diese Wanderung ist abwechslungsreich und führt meist über offenes Gelände, das herrliche Fernblicke erlaubt. Der Aufstieg verläuft meist in der Sonne, deswegen sollte man sich im Sommer früh auf den Weg machen. Später hat man dann aber eine tolle Erfrischungsmöglichkeit im Soinsee. Da der Steig oft ziemlich schmal ist, ist dieser Aufstieg nicht für kleine Kinder geeignet. Die Wanderung startet am gleichen Ausgangspunkt in Bayrischzell und führt zunächst in 1000 Höhenmetern zum Gipfelkreuz der Auerspitz, von dem aus man einen gigantischen Rundumblick hat. Dann steigt man in östlicher Richtung ab zum Soinsee. Für den weiteren Abstieg wählt man dann die Forststraße. Von April bis Juli ist die Brutzeit des Birkhuhns und der Aufstieg über die Auerspitz gesperrt – zum Schutz der Tiere und unserer Umwelt. Am Ende der Wanderung lädt das Almbad Sillberghaus zur Einkehr ein, das

INFOS

Start & Ziel: Parkplatz Sillbach, Tiroler Straße 70, 83735 Bayrischzell
Dauer & Weglänge: 1 Tag, ca. 12 km (nur zum Soinsee) bzw. ca. 16 km (über die Auerspitz)
Besonderer Tipp: Wem der Soinsee zum Baden zu kalt ist, der kann sich an ausgewählten Sonntagen im Naturpool des Sillberghauses abfrischen – mit einmaligem Bergblick!

Spektakulärer Ausblick von der Auerspitz auf den Soinsee

noch eine halbe Stunde vom Parkplatz entfernt ist. Es hat allerdings nur an ausgewählten Tagen geöffnet. Am besten informiert man sich vor dem Ausflug über die aktuellen Öffnungszeiten. Alternativ kann man bei der Rückfahrt in Bayrischzell in der Sport Alm einkehren.

Einkehr-Tipp

Das **Sillberghaus** ist moderner als die meisten Almen, besticht mit schönem Ambiente und traditionell leckerer Küche.

24

Das Geheimnis des Slyrs

Whisky-Fans aufgepasst: Bei dieser Führung mit Verkostung fühlt man dem prämierten Single Malt Whisky Slyrs vom Schliersee auf den Zahn, erfährt spannende Hintergründe und darf in die heiligen Lagerhallen des flüssigen Goldes schauen.

Bei einer Führung durch die Slyrs Destillerie darf man bei der Herstellung des mehrfach ausgezeichneten Slyrs Whiskys hinter die Kulissen schauen. Während des kurzweiligen Rundgangs erfährt man zunächst, wie der traditionsreiche Familienbetrieb auf die Idee kam, Whisky herzustellen, denn bis 1994 hatte sich die Familie bereits in der dritten Generation auf Liköre und Brände spezialisiert, keinesfalls aber Whisky destilliert. Die Idee, auf Whisky umzustellen, war nicht, wie man vermuten würde, von langer Hand geplant, sondern entstand durch eine Wette. Sohn Florian machte seinen Meister in Schottland, wo man einfach nicht glauben wollte, dass ein Bayer einen anständigen Single Malt herstellen könne. Florian fühlte sich von den Schotten herausgefordert und wettete dagegen – um einen Kasten Bier. Zurück in Deutschland tüftelte er jahrelang an seinem ersten Single Malt und kam fünf Jahre später zu einem Ergebnis, das er für gut befand – er hatte seine Wette gewonnen. Binnen zwei Tagen verkaufte er 1600 Flaschen des edlen Getränks.

2004 wurde dann die Marke Slyrs eingetragen und die Erlebnis-Destillerie gegründet, die man übrigens »Schlürs« ausspricht. Die Bezeichnung greift einen bekannten Begriff auf, dem auch der Schliersee seinen Namen verdankt: das ockerfarbene Leuchten der umliegenden Berge im Abendlicht.

Nach der kurzen Einleitung folgt eine Führung durch die Destillerie selbst und man erfährt zum Beispiel, dass der Brauprozess bei Bier und Whisky zunächst gleich ist. Der Scheidepunkt ist, wenn beim Bier das Malz zugegeben wird und beim Whisky die Gerste.

Nachdem man den gesamten Herstellungsprozess durchlaufen hat, die beeindruckenden Kupferdestillen begutachten konnte, und auch Zwischenprodukte probieren durfte, geht es in die heiligen Lagerhallen.

INFOS

Start & Ziel: Slyrs Destillerie, Bayrischzeller Straße 13, 83727 Schliersee
Dauer: 2–3 Stunden
Besonderer Tipp: Wenn man schon mal am Schliersee ist, kann man noch an der Seepromenade entlangschlendern.

Verkostung verschiedener Slyrs-Whiskys mit Blick auf den Wendelstein

Zum krönenden Abschluss folgt die Verkostung verschiedener Whiskyarten mit einmaligem Blick auf den Wendelstein. Dabei werden wertvolle Tipps zur Degustation gegeben und man kann sich mit anderen Whiskyfans zu Geschmack und Lieblingssorten austauschen.

Was ist aber nun das Geheimnis des feinmundigen Slyrs? Das kannst du selbst herausfinden!

Einkehr-Tipp

Vor oder nach der Führung lohnt ein Besuch des **Caffee & Lunchery** der Erlebnisdestillerie, wo man bei Bergblick brunchen, zu Mittag essen oder einen Kaffee trinken kann.

25

Magische Berge

Einmal einen Sonnenuntergang von einem Berggipfel aus erleben ist für jedermann am Wallberg möglich! Und ein ganz besonderes After-Work-Ausflugsziel ist dieser Berg obendrein.

Von einem tiefroten Sonnenuntergang in den Bergen träumen viele Naturbegeisterte. Doch oft schreckt der Abstieg im Dunkeln ab. Am Wallberg ist dieser aber ein Kinderspiel. Der einfache, stets breite Forstweg kann problemlos im Dunkeln mit Stirnlampe gemeistert werden – und stockdunkel wird es ohnehin nicht, denn die nächtlichen Lichter von Rottach-Egern erleuchten das gesamte Tal.

Auf geht's: Am besten schultert man seinen Rucksack an einem Wochentag oder Sonntagabend, wenn garantiert kein anderer Wanderer auf die gleiche Idee kommt. Man startet an der Talstation der Wallbergbahn. Mit Brotzeit im Gepäck läuft man nun flott die ersten eineinhalb Stunden hoch bis zur Wallberg-Kapelle. Die Bänke neben der Kapelle und der einmalige Ausblick über den kompletten Tegernsee sind ein perfekter Brotzeit-Spot. Das Panoramarestaurant Wallberg hat zu dieser Zeit nämlich bereits geschlossen. Von hier aus starten übrigens auch Paraglider – welch ein Spektakel, diesen Extremsportlern beim Starten zuzusehen.

Nun aber schnell weiter: Es sind noch ca. 30 Minuten bis zum Gipfelkreuz. Dort angekommen, heißt es abwarten. Kaum nähert sich die Sonne dem Horizont, erstrahlen das gesamte Tal, die umliegenden Berge und der See in einem magischen, goldenen Licht, das sich langsam in ein rotes Spektakel verwandelt. Die Welt scheint für einen Moment still zu stehen, und nun darf man einfach nur staunen und den Moment bis zum letzten Sonnenstrahl genießen.

Wenn man nicht ganz im Dunkeln hinunterlaufen möchte, kann man direkt nach dem Verschwinden der Sonne losmarschieren. Dann hat man noch ein wenig Tageslicht für die ersten Höhenmeter – eine Stirnlampe ist aber in jedem Fall notwendig.

Des Weiteren ratsam sind mehrere warme Schichten, auch im Sommer, genügend Wasser und Proviant, Ersatzbatterien für die Stirnlampe und ausreichend Zeit für den Aufstieg, damit man in den vollen Genuss des Spektakels kommt.

INFOS

Start & Ziel: Talstation Wallbergbahn, Wallbergstr. 26, 83700 Rottach-Egern
Dauer & Weglänge: ½ Tag, ca. 13 km
Besonderer Tipp: Wer einmal eine ganz besondere Nacht verbringen möchte, kann im Berghotel Altes Wallberghaus übernachten. Es befindet sich auf Höhe der Bergstation der Wallbergbahn.

Faszinierende Stimmung zum Sonnenuntergang auf dem Wallberg

26

Die Wasserfälle der Wolfsschlucht

In der Wolfsschlucht fühlt man sich wie in einem riesigen natürlichen Wassererlebnispark. Zwei Wasserfälle, Gumpen und die tosende Felsweißbach versprechen viel Spaß an heißen Tagen.

Eine Wanderung durch die Wolfsschlucht ist genauso spektakulär, wie sie klingt. Denn man muss mehrmals durch den niedrigen Bach waten und kann zwei tosende Wasserfälle entdecken, die sich in mehreren Kaskaden ins Tal stürzen. Kleine Kinder können an der sehr flachen Felsweißbach plantschen, die den Wanderweg begleitet. Und die großen Mutigen wagen sich in die eiskalten Gumpen, die der Fluss am Anfang der Schlucht formt.

Die Wanderung kommt ohne Höhenunterschied aus und ist aus diesem Grund für jedermann machbar. Etwas trittsicher sollte man aber schon sein, denn es geht über Stock und Stein und ein paarmal durch die Felsweißbach. Wasserfeste Wanderschuhe sind deswegen ein Muss.

Vom Siebenhüttenparkplatz in Kreuth wandert man entlang der Felsweißbach, die zu Beginn der Wanderung besonders tosend durch das Tal fließt und sich später ganz sanft durch die Schlucht schlängelt. Wenn man die Almwirtschaft Siebenhütten passiert hat, führt der Weg hinein in die Schlucht und das Terrain wird unebener und felsiger, bleibt aber stets flach ohne nennenswerte Steigung. Man folgt immer dem Weg, bis man nach ca. 45 Minuten das Ende der Schlucht und den ersten spektakulären Wasserfall erreicht hat. Dieser schießt mehrere Meter in die Tiefe. Manchmal spürt man schon vom Weitem die Gischt des Wasserfalls, und manchmal ergießt er sich ganz sanft, in einem perfekten Strahl in die Gumpe. Hier kann man kurz innehalten und das beeindruckende Naturschauspiel auf sich wirken lassen. Doch es folgt noch ein zweiter Wasserfall, der mindestens genauso imponiert wie der erste. Dieser ist nach ein paar Minuten erreicht und man kann sich am Fuße der Gumpe zu einer kleinen Brotzeit nieder-

INFOS

Start & Ziel: Siebenhüttenparkplatz, Gernbergbrücke, 83708 Kreuth
Dauer & Weglänge: ½ Tag, ca. 8 km
Besonderer Tipp: Ganz in der Nähe des Parkplatzes befindet sich die Herzogliche Fischzucht Wildbad Kreuth, bei der man die Anzuchtbecken besuchen darf und sich noch mit einer frischen lokalen Räucherforelle eindecken kann.

Einer von zwei spektakulären Wasserfällen in der Wolfsschlucht

lassen, bevor man sich auf den Weg zurück macht. Nach der Wanderung winkt die Almwirtschaft Siebenhütten, die auf dem Rückweg und nur wenige Minuten vom Parkplatz entfernt liegt, mit Speis und Trank.

Die Wanderung ist besonders für Familien geeignet, da sie ohne großen Höhenunterschied auskommt und für Kinder besonders aufregend ist.

Einkehr-Tipp

Nur wenige Minuten vom Parkplatz entfernt befindet sich die beliebte **Almwirtschaft Siebenhütten**. Diese ist klein, aber fein und direkt am Fluss in herrlicher Bergkulisse gelegen.

27

Paddeln in atemberaubender Kulisse

Unendliche Paddelfreuden, türkis leuchtendes Wasser und Bergblick ziehen Stand-up-Paddler, Kayakfahrer und Badegäste an den Sylvensteinspeicher.

Der künstlich errichtete Sylvensteinstausee zeichnet sich durch türkisblaues Wasser, eine grandiose Kulisse und einmalige Ausblicke aus. Und das Beste: Als Badesee ist er vollkommen unterschätzt. Zugegebenermaßen ist er sehr frisch, auch im Sommer. Aber das macht ihn zu einem perfekten Ausflugsziel für eine ausgiebige Stand-up-Paddel-Tour, denn da befindet man sich ja bekanntlich auf und nicht in dem Wasser. Der sieben Kilometer lange Stausee im Isarwinkel lädt förmlich zum ausgiebigen Paddeln ein.

Aufgrund der Weitläufigkeit des Sees und des doch recht frischen Wassers fühlt es sich am Sylvensteinspeicher nicht überlaufen an. Auch wenn man dort weitere Badegäste, Angler, Spaziergänger, Mountainbiker und Camper antrifft, gibt es kein Gedränge und jeder findet ein ruhiges Fleckchen.

INFOS

Start & Ziel: Fall, 83661 Lenggries
Dauer: 1 Tag
Besonderer Tipp: Natürlich kann man auch mit dem Kanu, Kayak oder Schlauchboot den Sylvensteinspeicher unsicher machen.

Eine gute Einsatzstelle für das SUP ist in Fall nach der Faller-Klamm-Brücke. Wenn man früh dran ist, kann man noch einen Parkplatz direkt am Straßenrand ergattern und direkt an der Brücke die Treppe nach unten zum See nehmen. Alternativ befindet sich ein paar Meter weiter auf der linken Seite ein großer Parkplatz, der gerne von Campern genutzt wird. Ganz am Anfang des Parkplatzes links befindet sich eine Booteinsatzstelle, an der man das SUP ausladen kann.

Und nun heißt es lospaddeln und die Idylle genießen. Wenn man in der Mitte des Sees paddelt, hat man ihn gefühlt ganz für sich alleine und wird niemand anderen treffen. Besonders lohnenswert ist es, rechts der Brücke Richtung Süden zu fahren. Denn da kommt man zum einen an der Badewiese der Wasserwacht vorbei, wo eine Stärkung für zwischendurch wartet. Zum anderen erreicht man so den schönsten Teil des Sees, dort, wo die Isar in den Stausee fließt und sich kleine Sandbänke und Inselchen bilden. Bei dem glasklaren Wasser und dem hellen Sand möchte man meinen,

Die Isarmündung am Sylvensteinspeicher beeindruckt mit einem einmaligen Farbenspiel.

man sei in der Karibik. Nach der Paddeltour bietet sich ein Grünstreifen an der Faller-Klamm-Brücke zum Ausruhen und Sonnen an. Wer noch etwas Ausdauer übrig hat, kann zum kleinen Aussichtspunkt rechts vor der Faller-Klamm-Brücke hochsteigen. In nur zehn Minuten hat man diesen erreicht und einen fantastischen Blick über den Sylvensteinspeicher, die Brücke und auf die Berge.

Einkehr-Tipp

Das **Café und Gästehaus Landerermühle** in Lenggries, nur 15 Minuten vom See entfernt, lockt mit hausgemachten Kuchen und Kaffee, aber auch mit bayerischer Küche.

28

Biergarten-Radtour

Eine gemütliche Fahrradtour im Süden Münchens führt zu mehreren Erfrischungsstopps bei lokalen Brauereien, wo man Wissenswertes über das flüssige Gold erfährt.

Mit der S-Bahn fährt man von München aus bis nach Aying. Von dort aus kann die sportlich-spritzige Fahrt beginnen. Doch statt direkt in Aying ins Bräustüberl zu gehen, hebt man sich dies für den Schluss auf und schlägt erst mal den Weg Richtung Süden ein, bis man nach zwölf Kilometern das erste Ziel erreicht hat, die Valleyer Schlossbrauerei. Im schönen Bräustüberl kann man dort das Helle oder das Zwickl vom Valleyer Schlossbräu probieren – oder beide. Das Helle zeichnet sich durch seinen milden, feinwürzigen Geschmack aus, das Zwickl ist ein unfiltriertes Kellerbier. Dieses untergärige Bier wird mit feinem Naturhopfen aus der Hallertau gebraut, der dem Bier ein unterschwelliges Zitrusaroma und eine blumige Note verleiht. Die Schlossbrauerei bietet übrigens auch Bierseminare, Verkostungen und Führungen an – diese müssen jedoch vorab gebucht werden. Neben dem Biergenuss sollte man aber auch das schöne Valleyer Schloss nicht übersehen. Eine kleine Runde über das Gelände lohnt ebenfalls.

INFOS

Start & Ziel: S-Bahn-Station Aying
Dauer & Weglänge: 1 Tag, ca. 50 km
Besonderer Tipp: Im Sommer kann man nach dem Herrmannsdorfer Hof noch einen Abstecher zum Kastensee, der auf dem Weg zurück nach Aying liegt, machen und sich dort eine Abkühlung im See gönnen.

Nächstes Ziel ist der Herrmannsdorfer Hof in Glonn. Man überquert zunächst die Mangfall und fährt dann durch die Orte Westerham, Percha und Unterlaus, bis man in Glonn ankommt. Auf dem Herrmannsdorfer Hof wird vom Acker bis zum Teller gearbeitet, also vom Ackerbau über Zucht und Mast der Tiere bis zur handwerklichen Verarbeitung. Außerdem wird viel Wert auf Achtsamkeit im Umgang mit dem Boden, dem Wasser und den Pflanzen und eine artgerechte und würdevolle Behandlung der Tiere gelegt. Hat man den Hof einmal erkundet, die Babyschweine gestreichelt und vielleicht sogar eine Führung mitgemacht, hat man sich eine weitere Pause redlich verdient. Im schönen Biergarten, der das Zentrum des Hofes darstellt, kann man nun das hofeigene Bier, das Schweinsbräu, testen. Das Reinheitsgebot vom Herrmannsdorfer beginnt bereits auf dem Acker, beim ökologischen Gersten- und Hopfenanbau, der ohne Pestizide und synthetische Düngemittel erfolgt. Und das schmeckt man auch.

Nun steht die letzte Etappe der Fahrradtour an: die zwölf Kilometer zurück nach Glonn, wo eine weitere Erfrischung winkt. Wohlverdient darf man nun sein Fahrrad an den Zaun des Ayinger Bräustüberls lehnen und sich nach knapp 50 Kilometern eine Stärkung gönnen.

Glückliche Schweine am Herrmannsdorfer Hof

Ziel der Tour: das Ayinger Bräustüberl

Vom Herrmannsdorfer Hof in Glonn bietet sich ein einmaliges Alpenpanorama.

29

Weit, weiter, Hachinger Tal

Skaten, Kiten, Beachen, Picknicken und vieles mehr kann man auf der ehemaligen Flugzeuglandebahn – was für ein weitläufiges Kleinod im Süden Münchens!

Aus einem ehemaligen Militärflugplatz wurde zwischen den Gemeinden Unterhaching, Neubiberg und Ottobrunn ein 126 Hektar großer Landschaftspark, der als Naherholungsgebiet für die Region dient. Die Landebahn selbst ist ca. zwei Kilometer lang und herrlich zum Joggen, Inlinern, Skaten oder Fahrradfahren. Die weitläufigen Wiesen um die Landebahn wurden renaturiert und kommen heute Volleyballern, Drachensteigern und Wind- und Kitesurfern zugute. Letztere haben den Landschaftspark für sich entdeckt, um dort an ihren Surftechniken zu feilen. Welch ein Spektakel, dieses bunte Treiben zu beobachten. Doch dies ist längst nicht alles. Ein Skatepark mit einer Halfpipe und verschiedenen Streetelementen zieht Sportbegeisterte ebenso an wie zwei Beachvolleyballfelder und ein Basketballfeld. Auch bei Hundebesitzern, Sport- und Tanzgruppen ist der Landschaftspark beliebt. Ruhesuchende finden im westlichen Ende am Hachinger Bach ein gemütliches Plätzchen.

Und wer einfach nur die Sonne genießen möchte, wird hier ebenso fündig. Stundenlang kann man dem Treiben auf dem ehemaligen Flugplatz zuschauen und meist wird man am Abend noch mit einem spektakulären Sonnenuntergang verwöhnt.

Doch auch der Natur soll der Landschaftspark zugutekommen: Das gesamte Areal wurde durch jahrelange Beweidung zu einer weitläufigen Grasheide entwickelt, die zahlreichen Tier- und Vogelarten einen Lebensraum bietet. Gebüsche im Randbereich bieten Rückzugsgebiete und Nistplätze für Neuntöter, Gelbspötter und Zauneidechsen. In Laichgewässern findet die vom Aussterben bedrohte Wechselkröte Schutz, aber auch Laubfrösche und Bergmolche fühlen sich hier wohl. Bitte unbedingt das saisonale Betretungsverbot der Wiesen beachten!

INFOS

Start & Ziel: Auf der Heid, 85579 Neubiberg oder An der Hachinger Haid, 82008 Unterhaching
Dauer: 2–3 Stunden
Besonderer Tipp: Besonders stimmungsvoll sind die Abendstunden im Landschaftspark. Mit etwas Glück bekommt man einen Sonnenuntergang vom Feinsten zu sehen.

Die Sonnenuntergänge im Landschaftspark sind einmalig.

Im Einklang mit der Natur kann man im Landschaftspark eine kleine Auszeit genießen oder auch einen ganzen Tag verbringen. Parken kann man am westlichen Ende des Parks in der Straße An der Hachinger Haid in Unterhaching oder am östlichen Ende des Parks am Friedhof in Neubiberg in der Straße Auf der Heid. Von beiden Parkplätzen aus lässt sich die Landebahn ideal erreichen.

Einkehr-Tipp

In der **Kaffeerösterei & Café Supremo** gibt es neben dem perfekten Kaffee für jeden individuellen Geschmack auch gute Beratung, einen Blick in die Kaffeerösterei sowie süße Köstlichkeiten.

30

Tierisch guter Kletterspaß

Knapp einen Kilometer lange Kletterpfade warten im Kletterwald Grünwald darauf, bezwungen zu werden. Verschiedene Schwierigkeitslevel, eine 120 Meter lange Zipline und ein Wildschweingehege sorgen für einen abwechslungsreichen Tag.

Im Kletterwald Grünwald ist für jede Menge Spaß und Action gesorgt. Hier kommen alle Altersgruppen auf ihre Kosten – und manchmal sind die Kleinen sogar mutiger als die Großen! Auf fünf Routen, die immer anspruchsvoller werden, kann man sich von Baumwipfel zu Baumwipfel schwingen, wackelige Hindernisse überwinden, mit dem Flying Fox durch die Baumkronen düsen und über sich selbst hinauswachsen. Besonders viel Spaß macht Route 5, bei der man sich gleich mehrmals mit einer Zipline von einer Plattform zur nächsten schwingt und richtig Fahrt aufnimmt.

Klettern dürfen alle Altersgruppen ab 8 Jahren. Der Kletterwald ist TÜV-geprüft und dank der ausgeklügelten Sicherheitsgurte, der ausführlichen Einweisung und der Proberoute, die man mit den Trainern meistert, fühlt sich danach jeder sicher und gerüstet, die weiteren Routen alleine zu klettern.

Wer dennoch lieber zuschaut, ist im Kletterwald trotzdem willkommen und kann zum Beispiel von einer Hängematte aus oder auf den diversen Sitzgelegenheiten gemütlich beim Klettern zuschauen.

Der Kletterwald bietet übrigens auch ein Outdoor Escape Game an! Man muss sich in die Lage einer Freundesgruppe versetzen, die einen tollen Abend am Lagerfeuer verbracht hat, doch am nächsten Morgen wachen alle gefesselt im Wald auf. Was wohl passiert ist?

Nach dem Besuch des Kletterwalds ist noch lange nicht Schluss. Nur wenige Meter weiter befindet sich das Walderlebniszentrum Grünwald mit einem Wildschweingehege und man kann den Ausflug noch mit einem kleinen Spaziergang ums Gehege abschließen. Im Frühling und Sommer hat man gute Chancen Frischlinge zu entdecken, die lauthals quiekend ihrer Mutter auf Schritt und Tritt folgen. Am besten besucht man den Kletterwald schon

INFOS

Start & Ziel: Kletterwald München, am Walderlebniszentrum, 82031 Grünwald
Dauer: ½ oder 1 Tag
Besonderer Tipp: Im Sommer bietet sich ein Badestopp an der Isar an, die nur wenige Autominuten entfernt ist.

Gut gesichert gilt es, wackelige Hindernisse zu überwinden.

am Vormittag, sodass man am Spätnachmittag am Wildschweingehege ankommt. Denn dort findet täglich um 16 Uhr die Wildschweinfütterung statt – ein tolles kostenloses Spektakel für Groß und Klein.

Dieser Ausflug eignet sich sehr gut für heiße Sommertage, da der Kletterwald, das Wildschweingehege und ein angrenzender Walderlebnispark im Schatten des Grünwalder Forstes liegen. Und die Isar ist für eine Erfrischung danach auch direkt ums Eck.

Einkehr-Tipp

Bei der Rückfahrt Richtung München kann man im urig-alternativen **Hexenhäuschen »Gans Woanders«** am Kolumbusplatz einkehren und eine kross gebackene Pizza am Kamin oder einen erfrischenden Cocktail am Lagerfeuer im kleinen Außenbereich genießen.

31

Klippenspringen

Klippenspringen im Münchner Umland? Ja, richtig gelesen! in der Gemeinde Baierbrunn ist dies möglich. Ein Ausflug dorthin lohnt auch zum Baden, Picknicken und Zuschauen beim Spektakel.

Inmitten der Isar thront der Georgenstein, ein rund fünf Meter hoher Fels, der zu Zeiten der Flößerei auf der Isar ein gefürchtetes Hindernis darstellte. Heute animiert er Abenteuerlustige zum Hinunterspringen. Zunächst vor allem bei den Baierbrunner Jugendlichen beliebt, hat sich der Georgenstein inzwischen zum ein oder anderen unternehmungslustigen Münchner durchgesprochen.

Ob zum Klippenspringen oder nur zum Baden und Zuschauen, der Georgenstein in der Isar ist ein wundervolles Ausflugsziel, um dem hektischen Stadtleben für einen Nachmittag zu entfliehen. Ein kleiner Kiesstrand mit direktem Blick auf den Felsen ermöglicht das Plantschen im zunächst flach abfallenden Flussbett, ein ausgiebiges Sonnenbad oder ein gemütliches Picknick. Ein Erlebnis ist es allemal, den Waghalsigen beim Rückwärtssalto vom Georgenstein zuzuschauen. Und der ein oder andere fühlt sich bestimmt inspiriert, es auch einmal zu probieren.

Die Isar ist ideal für Fahrradtouren, da sie im kompletten Stadtgebiet München und sogar über die Stadtgrenzen hinaus von einem Fahrradweg begleitet wird. Hat man einmal den Stadtkern hinter sich gelassen, wird es weitaus ruhiger und idyllischer und man kommt in den wahren Genuss des naturbelassenen Flusses.

Für die Tour zum Georgenstein startet man mit dem Fahrrad an der Isar, zum Beispiel an der Wittelsbacher Brücke, und folgt stets dem Fluss entlang am westlichen Ufer, bis man nach 15 Kilometern den Georgenstein erreicht hat. Da es hier keine direkte Einkehrmöglichkeit gibt, nimmt man sich für den Aufenthalt am Isarstrand am besten eine Brotzeit mit.

Kulturbegeisterte können bei der Rückfahrt über die Grünwalder Brücke fahren und einen Abstecher zur Burg Grünwald machen. Zurück Richtung München fährt man danach aber am besten wieder auf der anderen Isarseite, denn dann kommt man noch an der Waldwirtschaft Pullach, einem gemütlichen Biergarten direkt am Isarkanal, vorbei.

Wer mag, kann die Tour beliebig lange Richtung Norden und Süden verlängern – einfach immer an der Isar entlang!

INFOS

Start & Ziel: Reichenbachbrücke, 81541 München
Dauer & Weglänge: 1 Tag, ca. 30 km
Besonderer Tipp: Wer die Tour um zehn Kilometer abkürzen möchte, kann auch an der U-Bahn-Station Thalkirchen starten.

Ein waghalsiger Sprung in die Isar vom Georgenstein

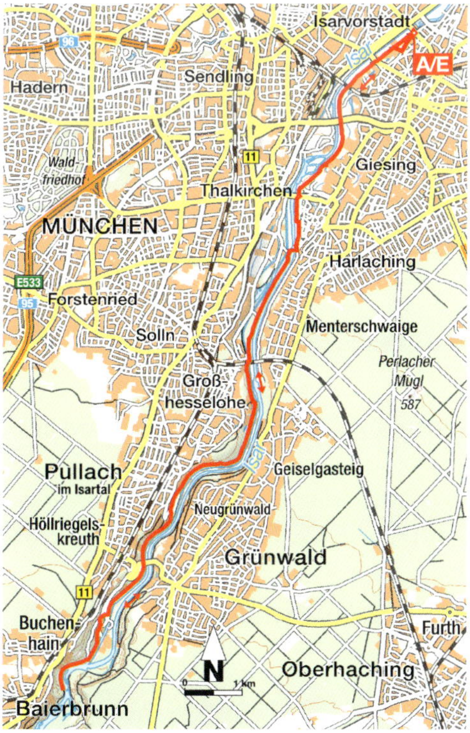

Der Kiesstrand am Georgenstein

Einkehr-Tipp

In der **Waldwirtschaft** in Pullach gibt es Weltklasse-Schnitzel, frischen Steckerlfisch und typische Biergartenkost mit gutem Preis-Leistungs-Verhältnis.

32

Tierfreuden & Badevergnügen

Pferde, Minischweine, Alpakas und sogar ein Kamel können im Gut Aiderbichl bestaunt werden – und jeder Besucher unterstützt dabei Tiere in Not. Kombiniert mit dem Großen Ostersee ist dieser Ausflug perfekt für sonnige Tage.

Die Mission des Gut Aiderbichls ist es, Tiere in Not zu retten und ihnen ein artgerechtes Zuhause für immer zu geben. Einer der drei Gutshöfe befindet sich in Iffeldorf im Süden von München. Bei herrlichem Bergblick grasen dort friedlich Pferde, Esel, Schafe und auch ein paar Exoten wie ein Kamel und Alpakas. Das Gut ist ein wundervoller Ort für Tierfreunde und eine tolle Alternative zu einem herkömmlichen Tierpark, denn man unterstützt gleichzeitig die Arbeit der Aiderbichler, trägt zum Schutz bedrohter Tierarten bei und kann sogar eine Tierpatenschaft übernehmen.

INFOS

Start & Ziel: Osterseehof 1, 82393 Iffeldorf
Dauer & Weglänge: ½ oder 1 Tag, ca. 1 km
Besonderer Tipp: Statt zu baden kann man auch entlang des Sees spazieren gehen. Der Weg führt sogar einmal um den Großen Ostersee und man kann dabei noch die Blaue Gumpe erkunden.

Jedes Tier auf dem Gut hat eine ganz individuelle Geschichte: Man trifft zum Beispiel den Vollbluthengst Lazar, der von seinen Besitzern unter großen Leistungsdruck gestellt wurde, den er nicht erfüllen konnte. Auf Gut Aiderbichl darf er nun einfach nur Pferd sein und mit seinen Artgenossen auf der Koppel toben. Aber auch viele bedrohte Schafrassen haben ein Zuhause im Gut Aiderbichl gefunden. Von manchen Rassen gibt es nur noch wenige Stück in ganz Deutschland, etwa vom ungarischen Zackelschaf oder vom Tiroler Steinschaf.

Doch auf dem Hof ist noch weitaus mehr geboten: Wer Glück hat, trifft auf die zutrauliche Hofziege, die frei auf dem Gelände herumläuft und so manchen Besucher erschreckt. Viel Spaß verspricht das Katzenhaus, in dem unzählige Katzen auf ihre täglichen Streicheleinheiten warten. In Acht nehmen sollte man sich vor den Alpakas. Ihre Frisuren laden zwar förmlich zum Streicheln und Knuddeln ein – aber Vorsicht: Sie können auch spucken!

Man kann locker einen halben Tag oder länger im Gut Aiderbichl verbringen, es gibt auch ein Restaurant, eine Picknickwiese und

Tieren in Not ein Zuhause geben ist die Mission auf Gut Aiderbichl.

eine Hundewiese. Bei schönem Wetter kann man den Besuch mit einem Spaziergang, Picknick oder Badeaufenthalt am Großen Ostersee verbinden. Nach dem Ausgang geht man einfach nach links durch die Unterführung, und schon befindet man sich an der weitläufigen Badewiese des Sees. Dieser ist Naturschutzgebiet und aus diesem Grund ganz natürlich belassen und ein wahres Idyll.

Einkehr-Tipp

Bei der Rückfahrt nach München liegt der kleine **Buchscharner Seewirt** am Starnberger See mit gemütlicher Terrasse direkt am Wasser auf dem Weg.

33

Starnberger See mal anders

Den Starnberger See mal anders erleben ist die Devise dieses Ausflugs! Die meisten kennen Starnberg, Tutzing und die allseits beliebten Stege und Strandbäder. Doch das Juwel, das sich auf der Westseite in Bernried auftut, kennen nur Wenige.

Ganz München und natürlich die Starnberger selbst lieben diesen See. Ein Nachmittag in Starnberg mit einem Aperol am Ufer und einem Plausch auf dem Steg fühlt sich fast wie ein Urlaub am Gardasee an. Und deswegen können wir einfach nicht genug vom Starnberger See bekommen. Wer einmal eine andere, ruhigere Ecke des Sees kennenlernen möchte, kann einen Ausflug auf die Westseite, nach Bernried im Landkreis Weilheim-Schongau machen.

Der Bernrieder Park schmiegt sich direkt an den See und ist ein weitläufiges Areal von ca. 80 Hektar Wiesen und Wald. Diverse Wege und Bänke machen ihn zu einem Paradies für Spaziergänger, Ruhesuchende und Badegäste.

INFOS

Start & Ziel: Bahnhof Bernried am Starnberger See
Dauer & Weglänge: ½ Tag, ca. 5 km
Besonderer Tipp: Die Hubl Fischerei hat auch ein kleines Strandbad und einen Tretbootverleih für diejenigen, die etwas mehr Infrastruktur schätzen.

In einer Stunde fährt man bequem mit der Bahn von München nach Bernried. Vom Bahnhof spaziert man nur knapp einen Kilometer bis zum Park. Um eine kleine Runde durch den Park zu drehen, läuft man zunächst zum südlichen Ende, und dann am Uferweg entlang Richtung Norden. Hier tun sich unzählige kleine Badebuchten und unendlich scheinende Picknickwiesen auf. Nun hat man auch schon knapp drei Kilometer Spaziergang hinter sich und kann sich wohlverdient eine Bucht am See aussuchen und dort den restlichen Nachmittag die Seele baumeln lassen, das selbst mitgebrachte Picknick schlemmen oder im See ausgiebig seine Bahnen ziehen.

Für Kinder sind die Badestellen ideal, denn das Wasser fällt sanft ab und der Untergrund ist sandig. Kinderwagen können problemlos auf den teils geteerten Wegen geschoben werden. Und der Familienhund ist ebenfalls willkommen.

Weil so ein Tag in der Sonne besonders hungrig macht, kann man diesen auch noch mit einem krönenden Abschluss ausklingen lassen: einem frischen Fisch direkt aus dem Räucherofen bei der Hubl Fischerei am Nordende

Im weitläufigen Bernrieder Park findet jeder einen ruhigen Platz am Seeufer.

des Parks. In diesem kleinen Familienbetrieb scheint die Welt noch in Ordnung zu sein und es wird viel Wert auf regionale Produkte gelegt.

Einkehr-Tipp

Wer doch etwas Starnberg-Feeling vermisst, kann noch einen Sundowner-Drink im **Bali Beach** am Yachthafen in Bernried genießen. Barfuß im Sand, mit Seeblick, im Liegestuhl, Hängesessel oder Beachbett.

34

Frühlingsspaziergang mit Seeblick

Eine leichte Wanderung über sattgrüne Hügel und blühende Wiesen mit beeindruckendem Seeblick am Lieblingssee der Münchner, dem Starnberger See – kulinarischer Hochgenuss inklusive!

Während die Seepromenaden entlang des Starnberger See stets gut besucht sind, findet man auf der Ilkahöhe, hoch über dem See gelegen, einen ruhigen Ort in der Natur und kann trotzdem die Freuden den Sees in Form eines herrlichen Ausblicks genießen.

Mit dem Zug geht es nach Tutzing, aber statt direkt entlang der Seepromenade zu flanieren, führt der Spaziergang hoch zur Ilkahöhe, von wo aus man einen erstklassigen Panoramablick auf den See und bei gutem Wetter bis zu den Voralpen hat. Zunächst führt der Weg durch Tutzing und man kann hier noch die ein oder andere schicke Villa bestaunen. Nun zweigt der Weg in eine breite Forststraße, die stetig bergauf hoch zur Ilkahöhe führt. Nach ca. 45 Minuten hat man das Forsthaus Ilkahöhe erreicht. Von der Terrasse aus hat man einen wunderbaren Blick über den See und kann dort die Sonne genießen. Im Frühling ist es auf der Ilkahöhe besonders schön, wenn die Wiesen sattgrün leuchten, die Kirschbäume blühen und die Vögel besonders fröhlich zwitschern. Eine Einkehr im Forsthaus sollte man sich des Ausblicks wegen nicht entgehen lassen, aber auch aufgrund der vorzüglichen Gerichte, die stets saisonal gewählt werden, sowie aufgrund des modernen Ambientes.

Nach dem Essen setzt man den Spaziergang fort und folgt dem mit blühenden Bäumen gesäumten Weg, über sanfte Hügel und Wiesen bis zum Deixlfurter Weiher. Hier kann man eine Rast auf einer der Bänke einlegen und die beruhigende Atmosphäre genießen. Man hat bereits den Großteil des ausgiebigen Spaziergangs hinter sich und schlägt nun den Weg zurück nach Tutzing ein. Nach ca. zwei Kilometern hat man den Bahnhof erreicht.

Wer noch Zeit hat, bevor der Zug zurück nach Hause geht, kann im toskanischen Wein- und Feinkostladen »La Maremma – Enoteca

INFOS

Start & Ziel: Bahnhof Tutzing
Dauer & Weglänge: ½ Tag, ca. 9 km
Besonderer Tipp: Wer nicht allzu gut zu Fuß ist, kann auch zum Wanderparkplatz Ilkahöhe (Monatshauser Straße, 82327 Tutzing) fahren und von dort aus auf der Ilkahöhe spazieren gehen und zum Forsthaus Ilkahöhe laufen.

Die Aussicht mit Bergblick vom Forsthaus Ilkahöhe

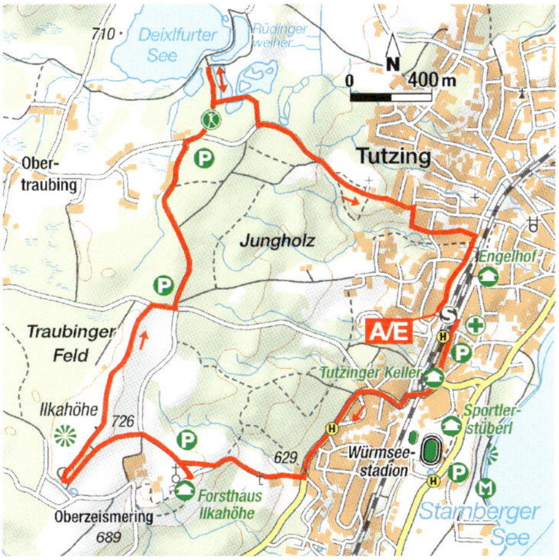

Toskana« vorbeischauen. Hier gibt es abwechslungsreiche Küche mit erlesenem Wein und allerlei Spezialitäten zum Mitnehmen.

Einkehr-Tipp

Das **Forsthaus Ilkahöhe** besticht mit exquisiter, moderner Küche, vielen Fischgerichten, aber auch bayerischen Klassikern. Wie wäre es mit einem Copenhagen Sprizz als Aperitif?

35

Sisi auf der Spur

Mit dem eigenen Boot das Sommerdomizil von Sisi erkunden, die in Possenhofen viel Zeit ihrer Jugend verbracht hat, und gleichzeitig einen herrlich entspannten Tag auf dem See verbringen – klingt das nicht gut?

Sisi, die österreichische Kaiserin Elisabeth, wurde in München geboren und wuchs dort auf. Die Sommermonate jedoch verbrachte die Familie im schönen Possenhofen am Starnberger See.

Tret-, Elektro- oder Motorboote kann man an verschiedenen Orten am See mieten, zum Beispiel beim Bootsverleih Goetzke in Pöcking. Mit dem Boot über den Starnberger See schippernd kann man zwei wichtige Stätten im Leben Sisis erreichen. Um ihren Spuren zu folgen, steuert man zunächst Richtung Norden und kann schon nach wenigen Minuten durch einen Spalt in der Hecke des sonst zugewachsenen Grundstücks das Schloss Possenhofen mit seiner eindrucksvollen Fassade vom Wasser aus bestaunen. Das Schloss wurde übrigens von Sisis Vater, Herzog Max von Bayern, 1834 erworben und diente der Familie als Sommerresidenz. Heute ist das Schloss in Privatbesitz und kann nur von außen besichtigt werden.

Bevor man das Naherholungsgebiet Possenhofen erreicht, dreht man aber lieber wieder um und fährt weiter Richtung Süden – immer auf die blauen Berge zu. Bei klarem Wetter scheinen die Gipfel zum Greifen nah zu sein und man fühlt sich wie am Gardasee. Kein Wunder, dass Herzog Max und seine Familie diesen Ort für den Sommer ausgewählt haben.

Man passiert nun die Roseninsel, die einzige Insel auf dem Starnberger See, auf der König Maximilian II. von Bayern 1853 ein Gärtnerhaus mit einem ovalen Rosengarten errichten ließ. Dieses sollte als ruhiger Rückzugsort im Sommer dienen. Sisi, die dann schon Kaiserin von Österreich war, verbrachte viel Zeit hier. Später erwarb der Freistaat Bayern die Roseninsel und machte sie für die Öffentlichkeit zugänglich. Achtung: Mit dem gemieteten Boot darf man nicht an der Roseninsel anlegen. Nur wenn man die öffentlichen Fähren benutzt, kann man die Insel betreten. Auf diesem Abschnitt des Starnberger Sees finden regelmä-

INFOS

Start & Ziel: Yachthafen Goetzke, Am See 2, 82343 Pöcking
Dauer: ½ Tag
Besonderer Tipp: Wer noch weitere Spuren von Sisi entdecken möchte, sollte einmal in die Ludwigstraße 13 in München fahren. Dort, im Herzog-Max-Palais, wurde sie nämlich geboren.

Am Starnberger See kann man sich schicke Elektroboote aus Mahagoni-Holz mieten.

ßig Segelregatten statt und mit etwas Glück kann man das bunte Treiben in erster Reihe mit ausreichend Abstand zu den Seglern vom Boot aus genießen. Oder man wirft den Anker einfach mitten auf dem See aus, genießt die Ruhe, springt ins Wasser, schwimmt ein paar Züge und vergisst für einen Nachmittag alle Alltagssorgen. So wie es vor langer Zeit Sisi wohl auf der Roseninsel tat.

Einkehr-Tipp

Direkt neben dem Bootsverleih in Pöcking kann man sich im **Forsthaus am See** auf der Sonnenterrasse Pasta, Fisch oder Fleisch gönnen. Oder am Nachmittag einen Sprizz in der Sonne genießen.

36

Durch die Pupplinger Au skaten

Kilometerlang auf einer unbefahrenen Straße skaten, und das auch noch mitten in der Natur? Dies ist in der Pupplinger Au möglich. Außerdem: ein Badestopp und ein Räucherlachs aus lokaler Fischzucht!

Vom Ortsteil Aumühle in Egling beginnt die Inlinertour auf der unbefahrenen Teerstraße, die am Isarhochufer entlang und durch die Pupplinger Au führt. Wer früh startet, kann dabei noch die angenehme Vormittagssonne aufsaugen. Kurze Zeit später führt die Straße durch den Wald, vorbei am Ickinger Weiher und am Wehr und immer weiter durch das unberührte Naturschutzgebiet der Pupplinger Au.

Nach sechs Kilometern hat man das Gasthaus Aujäger in Puppling erreicht, wo im angenehm schattigen Biergarten eine bayerische Brotzeit oder eine Erfrischung winken. Hier endet auch die nicht befahrene Straße. Für Kinder birgt das Gasthaus noch ein besonderes Highlight: kleine Shetlandponys, die man vom Zaun aus bestaunen kann.

Zurück geht es auf dem gleichen Weg. Im Sommer kann man sich auf dem Rückweg am Ickinger Wehr noch im eiskalten Isarstausee erfrischen und von der Tour erholen. Hier ist auch eine beliebte FKK-Badestelle. Nach der Tour und so viel Bewegung gönnt man sich am besten noch einen frischen Fisch aus der Fischzucht Aumühle. Die Fischzucht besteht seit Generationen und züchtet in bestem Quellwasser qualitativ hochwertige Speisefische: Elsässer Saiblinge, Bachforellen, Lachsforellen und Karpfen. Im Hofladen kann man sich eine Fischsemmel oder Räucherlachs auf die Hand mitnehmen und den Tag mit den letzten Sonnenstrahlen am Isarhochufer ausklingen lassen.

Um nach Aumühle, zum Startpunkt der Tour, zu kommen, fährt man mit dem Auto von München gen Süden und parkt entweder direkt im Ortsteil Aumühle in Egling oder an einer der kleinen Parkbuchten entlang des Isarkanals kurz davor. Die besonders Sportlichen können bereits mit dem Fahrrad in München starten, stets auf dem Schotterweg am Isarkanal entlang.

INFOS

Start & Ziel: Aumühle, 82544 Egling
Dauer & Weglänge: ½ Tag, ca. 12 km
Besonderer Tipp: Angler aufgepasst: In der Fischzucht Aumühle gibt es einen Angelteich, an dem kurzweiliges Fangvergnügen garantiert ist! Und die Tour ist übrigens auch mit dem Skateboard, Longboard oder Rennrad machbar.

Die unbefahrene Teerstraße am Isarhochufer in Aumühle

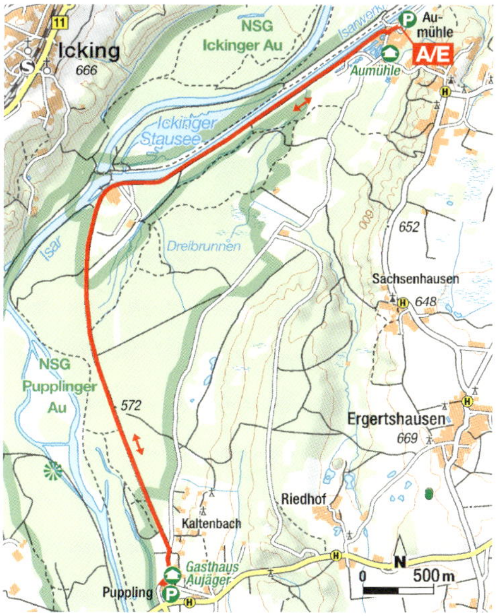

Die Tour eignet sich übrigens auch für Fahrräder, Skateboards oder Longboards. Auch für Spaziergänger ist sie lohnenswert. Zu Fuß kann man auf die kleinen Pfade durch die Pupplinger Au entlang der Straße ausweichen.

Einkehr-Tipp

Den lokal gezüchteten Fisch von höchster Qualität der **Fischzucht Aumühle** darf man sich nicht entgehen lassen. Man hat die Qual der Wahl zwischen Elsässer Saiblingen, Bachforellen, Lachsforellen und Karpfen (nur mit Vorbestellung).

37

Zur Ludwigshöhe

Eine ausgiebige Fahrradtour im Münchner Süden führt entlang der Isar zur aussichtsreichen Ludwigshöhe in Kleindingharting – Badestopp, Bio-Eis und Festtagsschmaus inklusive!

Diese 50 Kilometer lange Fahrradtour führt entlang der Isar zur Ludwigshöhe, ein kleines Plateau in der Gemeinde Kleindingharting mit herrlichem Blick auf die Chiemgauer und Ammergauer Alpen. Zurück führt sie über Icking auf der anderen Isarseite. Kombinieren kann man diese Tour im Sommer mit einem Badestopp am Deininger Weiher.

Die Fahrradtour startet an der U-Bahn-Station Thalkirchen, wo auch MVG-Fahrräder ausgeliehen werden können. Von dort aus radelt man rechts der Isar auf dem Radweg Richtung Süden. Nach ca. drei Kilometern kommt schon das erste Highlight: die Großhesseloher Brücke. Hinaufzuradeln ist zwar schweißtreibend, aber oben angekommen kommt man aus dem Staunen nicht mehr heraus und muss einfach kurz absteigen, innehalten und den phänomenalen Blick über die Isar genießen.

INFOS

Start & Ziel: U-Bahn-Station Thalkirchen
Dauer & Weglänge: 1 Tag, ca. 50 km
Besonderer Tipp: Hausgemachtes Eis zum Dahinschmelzen kann man sich beim Frimmerhof in Kleindingharting holen.

Dann geht es weiter Richtung Süden, auf dem Fahrradweg einmal durch den Perlacher und den Grünwalder Forst bis nach Straßlach-Dingharting und weiter nach Kleindingharting zur Ludwigshöhe. An dieser kleinen Anhöhe legt man eine Rast ein und genießt den Ausblick von einer der beiden Bänke aus.

Die Ludwigshöhe lohnt zu jeder Jahreszeit und vor allem bei klarem Wetter. Denn dann wird der Blick auf ein herrliches Alpenpanorama freigegeben. Im Herbst sind die Nachmittagsstunden besonders lohnenswert, wenn die goldene Sonne zusammen mit dem orangefarbenen Herbstlaub eine einzigartige Stimmung zaubert.

Einer Legende nach wollte König Ludwig I. auf der Ludwigshöhe am Ende der Lindenallee eine Villa errichten. Diese Legende konnte zwar nicht von Historikern belegt werden, aber bildlich vorstellen kann man sich das Schloss dort schon ganz gut.

Wer möchte, kann noch einen Abstecher zum Deininger Weiher machen, an dem man einkehren und baden kann. Oder man macht sich direkt auf den Rückweg Richtung Schäftlarn, vorbei am Kloster Schäftlarn auf die andere Isarseite und immer dem Fluss folgend durch Baierbrunn, Pullach und vorbei an der Großhesseloher Brücke zurück nach München.

Einmaliger Ausblick von der Großhesseloher Brücke auf die Isar

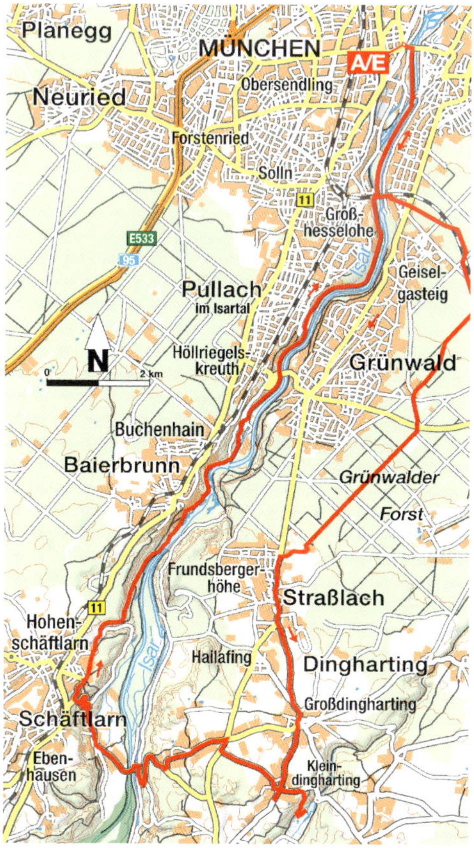

Magischer Sonnenuntergang auf der Ludwigshöhe

Einkehr-Tipp

Es liegen diverse gutbürgerliche Einkehrmöglichkeiten auf dem Weg: das **Waldhaus Deininger Weiher**, das **Gasthaus zum Bruckenfischer** kurz vor dem **Kloster Schäftlarn** oder die **Waldwirtschaft** in Pullach.

Ausflüge im Westen von München

Das bunte Treiben auf
dem Ammersee

38

Der Würm nach zum See

Was gibt es Schöneres als im Sommer eine Fahrradtour an einen See zu machen? Richtig, nicht viel. Deswegen ist diese Fahrradtour zum Starnberger See ein echter Klassiker – und man vermeidet auch noch Staus und die nervige Parkplatzsuche!

Die Würm plätschert gemütlich von Starnberg bis Dachau und wird meist von einem Fahrradweg begleitet. Wer im Westen Münchens wohnt, kann direkt an der Würm starten. Ansonsten fährt man mit der S-Bahn nach Pasing und radelt dort los. Erst geht es durch den Pasinger Stadtpark, dann folgt man immer der Würm. Der Fahrradweg verläuft manchmal direkt am Ufer und manchmal auf kleineren Seitenstraßen bis nach Starnberg.

Ab Gauting wird es landschaftlich sehr reizvoll, die Umgebung ruhiger, die Landschaft wilder und man hat die Hektik der Stadt längst hinter sich gelassen. Nun führt meist ein schmaler Schotterweg entlang der sanft fließenden Würm und man kann gar nicht anders, als diese friedliche Atmosphäre vollends genießen.

Kulturinteressierte können einen kleinen Umweg über Leutstetten machen, dort kann man die Villa Rustica, einen archäologischen Fundort eines römischen Gutshofes, besichtigen. Dieser wurde erst 2002 entdeckt und geht auf das zweite Jahrhundert nach Christus zurück. Hier kann man einiges Wissenswertes über die Geschichte der Region erfahren, denn das komplette Voralpenland befand sich vor langer Zeit, seit 2 v. Chr., in römischer Herrschaft. Solche Gutshöfe haben zur damaligen Zeit die umliegenden Siedlungen mit Lebensmitteln versorgt.

Nun folgt der Endspurt zum See: Nach ca. fünf Kilometern erreicht man Starnberg und hat die Wahl zwischen dem Seebad Starnberg und der Badewiese Percha. Die Badewiese Percha ist etwas großzügiger und an der Seestub'n gibt es allerhand Köstlichkeiten, leckere Pizzen und Drinks zum Sonnenuntergang.

Zurück nach München nimmt man die S-Bahn von Starnberg aus.

INFOS

Start & Ziel: S-Bahn-Station Pasing in München & Starnberg
Dauer & Weglänge: 1 Tag, ca. 25 km
Besonderer Tipp: Es lohnt sich unbedingt, einmal am Leutstettener Moos anzuhalten und die einzigartige Moorlandschaft unter die Lupe zu nehmen.

Der Steg an der Badewiese Percha

Ein romantischer Abschnitt der Würm kurz vor Percha

Einkehr-Tipp

Entweder am **Kiosk** direkt am See oder im nachgelagerten **Seestub'n Restaurant Percha** wird man mit allem, was das Herz begehrt, verwöhnt: Pizzen, erfrischender Sprizz, frische Salate und weitere Köstlichkeiten.

39

Hoch hinaus am Ammersee

Dem Wochenendtrubel an einem der schönsten Seen im Münchner Umland entkommen? Das ist am Ammersee-Höhenweg möglich. Auf den Höhen erwartet den Besucher eine ruhige Idylle.

Der Ammersee zählt mit seinem tiefblauen Wasser, dem Blick auf die Alpen und seinen schönen Seepromenaden zu den Lieblingsseen der Münchner und ist immer einen Ausflug wert. Diese flache, zwölf Kilometer lange Wanderung von Schondorf bis Utting führt teilweise entlang des Ammersee-Höhenwegs und wieder zurück nach Schondorf entlang der Seepromenade. Es empfiehlt sich, den offiziellen Höhenweg an manchen Stellen zu verlassen und einen der zahlreichen Seitenarme zu erkunden – so kommt man nämlich in den wahren Genuss dieser ruhigen Route.

INFOS

Start & Ziel: Uttinger Straße, 86938 Schondorf am Ammersee
Dauer & Weglänge: ½ Tag, ca. 12 km
Besonderer Tipp: Wer möchte, kann in Utting noch zwei Kilometer weiter Richtung Süden am See entlang zum Künstlerhaus Gasteiger laufen und ein einzigartiges Ensemble des Münchner Jugendstils besichtigen.

Parken kann man am Bahnhof in Schondorf. Oder man reist direkt mit der Regionalbahn an. Vom Bahnhof aus läuft man Richtung Sankt-Anna-Kirche, die sich auf einer kleinen Anhöhe befindet. Von der Kirche aus folgt man links der St.-Anna-Straße, bis man das Dorf hinter sich gelassen hat und sich am Beginn des Ammersee-Höhenwegs befindet. Der Weg ist stets mit einem grünen »A« gekennzeichnet und man folgt diesem nun für einige Kilometer.

Man marschiert meist inmitten von weitläufigen Feldern, die einen herrlichen Blick auf den Ammersee freigeben. Und an sonnigen Tagen bekommt man hier ganz viele Sonnenstrahlen ab. Schon kurz nach Schondorf zeigt sich die Schönheit dieses idyllischen Fleckchens. Im Süden sind an klaren Tagen die Alpen von Österreich bis ins Allgäu zu sehen und direkt vor einem erstreckt sich der Ammersee.

Nach ca. fünf Kilometern kommt man an einen kleinen Hofladen, der mitten im Nirgendwo auf einer kleinen Anhöhe mit Blick auf den Ammersee steht. Hier werden Honig aus der Region und weitere lokale Köstlichkeiten verkauft.

Einkehr-Tipp

In der **Alten Villa** in Utting speist man direkt am Ammersee in einem schönen und weitläufigen Biergarten mit Seeblick besonders gut.

Entlang der Seepromenade geht es zurück nach Schondorf.

Kurz danach verlässt man den Ammersee-Höhenweg und hält sich links Richtung Utting, immer den See im Blick. Nun läuft man stets am glitzernden Ammersee entlang zurück bis Schondorf. Zahlreiche Bänke und Aussichtspunkte laden dazu ein, kurz innezuhalten und die wunderschöne Landschaft zu genießen.

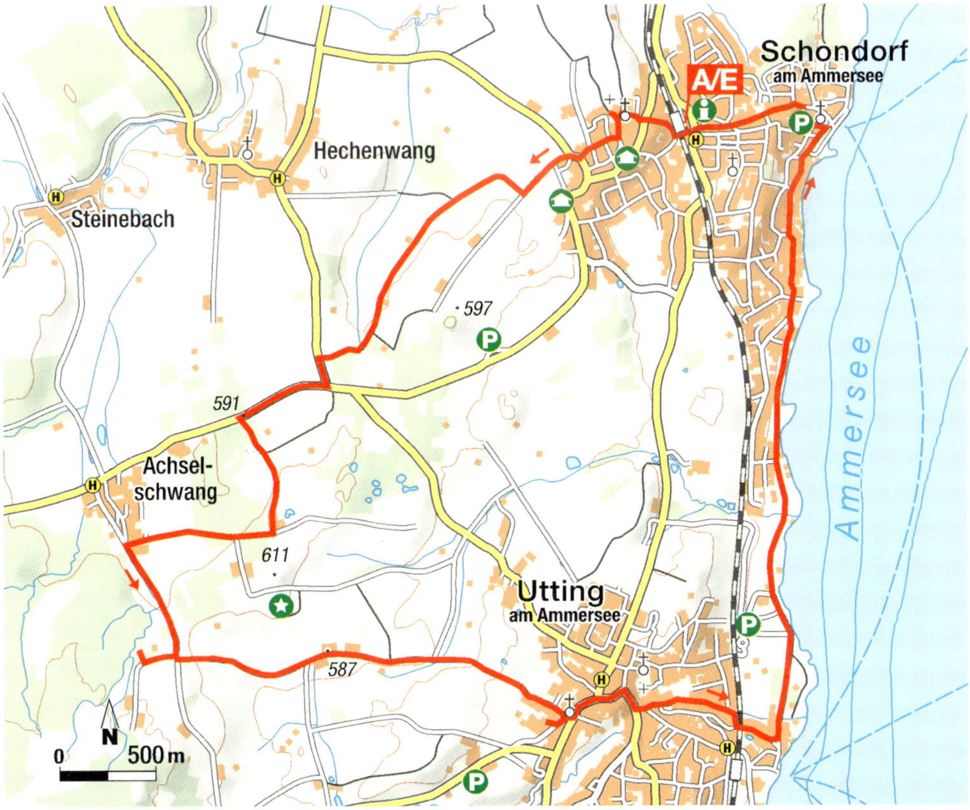

40

Kanufahrt auf der Amper

Gemütlich durch das friedliche Naturschutzgebiet Ampermoos paddeln und dabei keine Menschenseele treffen – auch für Kanu-Neulinge ist diese Tour geeignet!

Rund um München gibt es diverse Touren, die man auf der Amper mit dem Kanu paddeln kann. Eine gute Einsteigerroute führt von Inning bis Grafrath durch das Ampermoos, ein Naturschutzgebiet nördlich des Ammersees.

Man setzt in Inning am Ammersee ein und paddelt gemütlich mit der Strömung durch das Ampermoos, stets begleitet von sanft im Wind wiegendem Schilf und tanzenden Schmetterlingen. Im Laufe der Tour stößt man immer wieder auf grotesk aussehende abgestorbene Bäume, die die Amper zieren, und man fühlt sich wie in eine ganz andere Welt versetzt. Dieser Baumbestand wurde durch eine Biberattacke 2019 so abgeringelt, dass die kompletten Bäume in den darauffolgenden Jahren abgestorben sind.

Das Ampermoos stellt einen wichtigen Lebensraum für zahlreiche Tier- und Pflanzenarten dar. Wer genau hinschaut, kann im Sommer sogar eine seltene Orchideenart, das Sumpf-Glanzkraut, entdecken oder zahlreiche Libellen und Schmetterlinge erspähen.

Aufgrund der mäßigen Strömung ist die Route für jedermann machbar, sie dauert ca. zwei Stunden und umfasst fünf Kilometer. Grafrath, den Ausstiegspunkt und das Ende des Ampermooses, erkennt man schon von Weitem an seinem Kirchturm. Der Ausstiegspunkt befindet sich an der kleinen Badewiese direkt am Amperufer, wo sich das Schilf lichtet. Dort kann man auch noch etwas verweilen und die Natur und die Sonne genießen.

Kanus oder Kayaks kann man an diversen Stellen in München und im Umland ausleihen. Achtung: Vom 1.3. bis 15.7. jeden Jahres ist Brutzeit und das Ampermoos darf nicht betreten bzw. die Amper nicht befahren werden.

INFOS

Start & Ziel: An der Kläranlage, Stegener Straße 99, 82279 Eching am Ammersee & Dampfschiff, Graf-Rasso-Straße 40, 82284 Grafrath
Dauer & Weglänge: ½ Tag, ca. 5 km
Besonderer Tipp: Erfahrene Kanufahrer können auch von Inning flussaufwärts auf der Amper zum Ammersee paddeln, oder von Grafrath nach Schöngeising. Wer der Isar treu bleiben möchte, kann von Freising bis Oberhummel paddeln.

Auch Kanu-Neulinge kommen auf der Amper auf ihre Kosten.

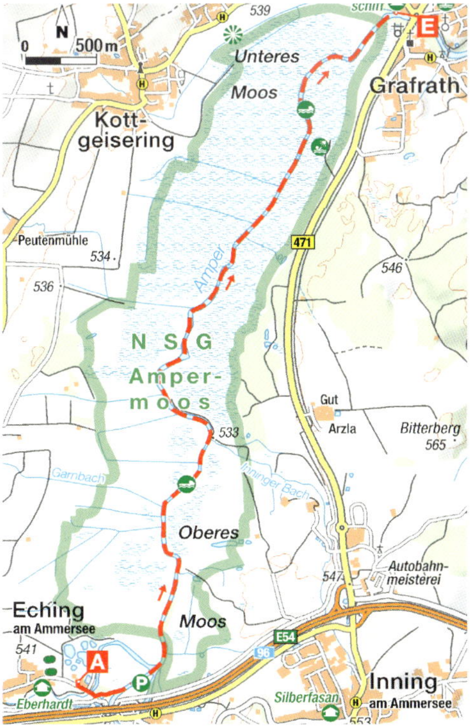

Die einmalige Landschaft des Ampermooses

Einkehr-Tipp

Wie praktisch, direkt an der Ausstiegsstelle lockt der **Biergarten des Dampfschiffs** mit Fisch und bayerischen Spezialitäten.

41

Durch die Amperauen biken

Diese einfache Mountainbiketour von Fürstenfeldbruck nach Schöngeising führt entlang der Amper durch die bezaubernden Amperauen, ist landschaftlich entzückend und für jedermann geeignet.

Im Westen von München kann man auch Mountainbiken? Jawohl! Während Mountainbiker oft den Weg Richtung Süden einschlagen, geht es bei diesem Ausflug in den Westen, in die schönen Amperauen. Das Naturschutzgebiet entlang der Amper erstreckt sich von Fürstenfeldbruck bis Schöngeising und stellt einen bedeutenden Lebensraum für diverse Tier- und Pflanzenarten dar.

Die Tour startet am Bahnhof von Fürstenfeldbruck. Von dort aus nimmt man den Fahrradweg Richtung Westen entlang der Oskar-von-Miller-Straße parallel zum Bahngleis und hat nach wenigen Minuten die Amper erreicht. Man folgt zunächst dem breiten Forstweg, der parallel zur Amper verläuft. Dieser mündet später in einen wunderschönen, technisch einfachen Singletrail, der weiter entlang der Amper durch das Moos führt, vorbei an wiegendem Schilf, fröhlich zwitschernden Vögeln und saftig grünen Wiesen. Dem unbefestigten Trail folgt man nun bis nach Schöngeising. Kurz bevor man den Ort erreicht hat, muss man noch durch ein Meer aus Wildblumen, ein Spektakel, das vor allem im Herbst zu bestaunen ist. Ab und zu findet man auch eine Bank, an der man rasten kann und eine schöne Aussicht auf die Amper hat.

Kurz vor Schöngeising führt der Trail über die Amper auf die andere Seite und man kommt an einem wunderschönen, denkmalgeschützten Hof, dem Zellhof, und der gelben Sankt-Vitus-Kapelle vorbei. Der Hof wurde 1870 erbaut und von der Familie Weiß 1970 Stück für Stück restauriert. Auf dem Anwesen, zwischen dem Haupthaus und den Stallungen, findet man eine eindrucksvolle Sehenswürdigkeit: einen kleinen Springbrunnen, der ohne Strom auskommt und sich von ganz allein betreibt – durch den natürlichen Wasserdruck an dieser Stelle. Nun fährt man auf der anderen Amperseite auf dem Ammer-Amper-Radweg zurück bis Fürstenfeldbruck.

INFOS

Start & Ziel: Bahnhof Fürstenfeldbruck
Dauer & Weglänge: ½ Tag, ca. 16 km
Besonderer Tipp: Die Amperauen enden in Schöngeising. Wer eine größere Tour machen möchte, kann aber trotzdem weiter bis Grafrath oder sogar bis zum Ammersee radeln.

Einkehr-Tipp

In schickem Ambiente und in bester Bio-Qualität isst man im **Bio-Restaurant Fürstenfelder**, das 2021 sogar mit dem grünen Michelin Stern belohnt wurde, einer Auszeichnung für besonders nachhaltige und innovative Ausrichtung.

Ein einfacher Mountainbike-Trail entlang der Amper

Nach der Tour kann man seine Mitfahrer noch zu einer Runde Minigolf kurz vor Fürstenfeldbruck bei der Minigolfanlage Hohenleitner herausfordern.

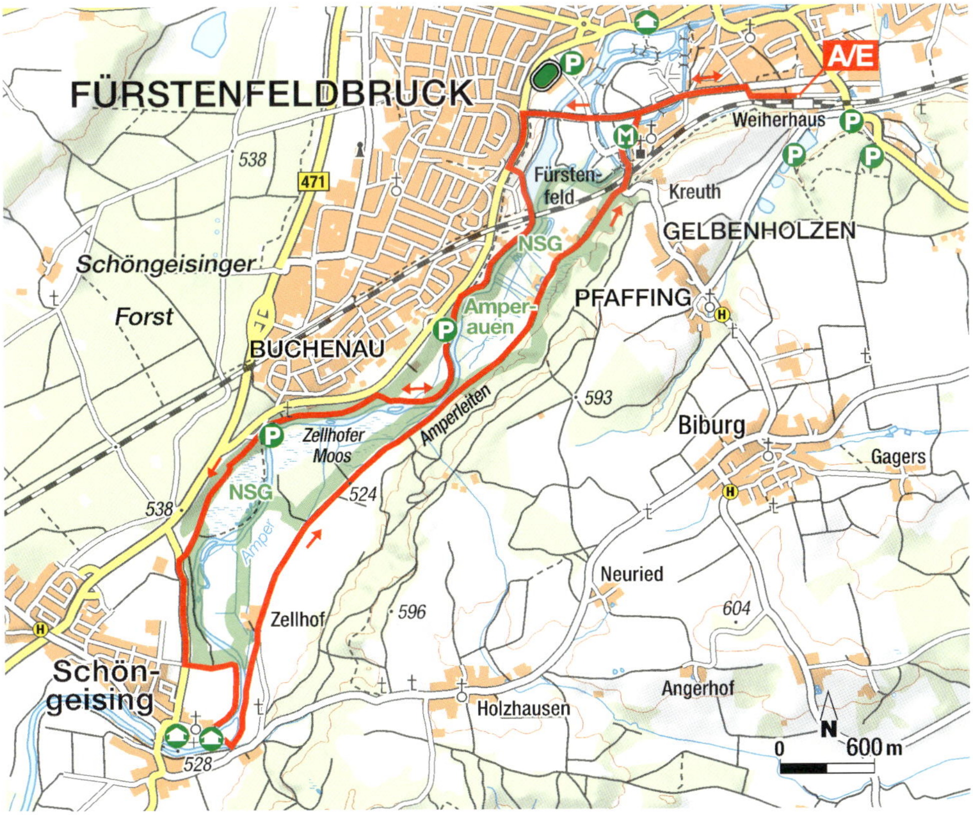

42

Über Nacht im Tiny House

Inmitten der Natur im schicken Tiny House aufwachen, das kann man auf dem Büffelhof Beuerbach in Weil. Und als wäre die Idylle nicht schon genug, kann man dort auch noch vorzüglich essen und Wasserbüffel streicheln.

Auf dem Büffelhof Beuerbach gibt es allerhand zu erleben und man kommt gerne auf ein Glas Wein an einem sonnigen Nachmittag, zum vorzüglichen 5-Gänge-Menü am Samstagabend oder sogar für mehrere Nächte ins gemütliche Tiny House, das mitten in der Natur auf dem Feld steht.

Aber von Anfang an: Die drei Köche Amelie, Valentin und Vuong haben im beschaulichen Weil zwischen Augsburg und Landsberg am Lech einen einmaligen Ort geschaffen. Die Idee war es, kulinarischen Hochgenuss mit artgerechter Haltung und glücklichem Tierwohl zu vereinen. Und drum herum entstand ein schön aufgemachter Hof mit Restaurant, Hof- und Weinladen und einem Tiny House. Im Sommer herrscht im gepflegten Innenhof beim sonntäglichen Pizza-Mittag buntes Treiben und die Gäste bleiben gerne noch etwas länger sitzen.

Doch das eigentliche Highlight ist das Restaurant, in dem Spezialitäten vom Wasserbüffel angeboten werden. Die drei Jungköche haben es sich zur Aufgabe gemacht, den ganzen Büffel bestmöglich zu verwerten. Dementsprechend stehen wechselnde Gerichte auf der Karte. Neben Feinem vom Wasserbüffel gibt es aber auch Fischgerichte und vegetarische Alternativen. Viel Gemüse stammt ebenso vom eigenen Anbau auf dem Hof.

Jeder Besucher kann sich vom Wohl der Tiere überzeugen. Schon von Weitem halten die Wasserbüffel in ihrem Offenstall Ausschau nach neuen Besuchern und freuen sich auf die Streicheleinheiten der Gäste. Denn die Tiere sind viel zutraulicher und verschmuster, als man denkt. Und wer besonders viel Glück hat, trifft sogar ein Kälbchen an.

INFOS

Start & Ziel: Büffelhof Beuerbach, Benediktstraße 4, 86947 Weil
Dauer: 2–3 Stunden oder das ganze Wochenende
Besonderer Tipp: Einen Besuch des Büffelhofs kann man auch mit einer Fahrradtour verbinden, z. B. von Augsburg aus, immer am Lech entlang, dann im Tiny House übernachten und am nächsten Tag weiter nach Landsberg am Lech.

Das stylische Tiny House am Büffelhof Beuerbach funktioniert weitestgehend autark.

Ein weiteres Highlight ist das Tiny House »Max«, eine kleine autarke Wohlfühloase mitten im Feld, die sich weitestgehend selbst mit Strom über das Photovoltaik-Modul auf dem Dach versorgt. Hier kann man eine Nacht oder auch mehrere verbringen, um in den wahren Genuss des idyllischen Büffelhofs zu kommen.

Ach ja, Wasserbüffel in Bayern? Richtig gelesen! 1996 begann der Vater von Valentin und Hofherr des Büffelhofs als einer der ersten in Deutschland Wasserbüffel zu züchten. Die Tiere hat er aus seiner Heimat Italien importiert. Und von Anfang an waren dabei: der Respekt und die Achtung vor Tier und Natur.

43

Durch den Märchenwald

So ganz anders, als man einen Waldspaziergang kennt, ist das Haspelmoor, eine einzigartige Moorlandschaft bei Fürstenfeldbruck.

Haspelmoor ist ein beschauliches Dorf, zu dem das gleichnamige Moor gehört. Wer einfach mal die Zeit anhalten, durchatmen und alles um sich herum vergessen möchte, ist hier genau richtig. Denn kaum hat man einen Schritt in das Moor gesetzt, fühlt man sich wie in einem Märchenwald: das sanfte Moos, die schmalen Wege, die Sonnenstrahlen, die einem zuzwinkern, schaffen eine einmalig beruhigende Atmosphäre.

Durch das Haspelmoor führt ein schmaler Pfad, der immer wieder über kleine Holzbrücken führt, wenn der Untergrund zu moorig wird. Man sollte unbedingt auf dem Weg bleiben, um das schöne Moor nicht zu zerstören, denn es beheimatet zahlreiche vom Aussterben bedrohte Tier- und Pflanzenarten. Zudem stellt das Torfmoos einen wichtigen Wasser- und CO_2-Speicher dar. Ein Quadratmeter Torferde speichert sechsmal so viel CO_2 wie ein Quadratmeter intakter Wald, informiert ein Hinweisschild. Wird der Torf nun betreten, beschädigt oder gar mitgenommen, werden das CO_2 und auch dort gespeichertes Lachgas freigesetzt, und das schadet der Umwelt und dem Klima. Aus diesem Grund gilt: die Pfade niemals verlassen.

Vom Bahnhof Haspelmoor läuft man Richtung Süden, immer der Straße folgend, bis man im Wald ankommt. Man läuft an der Straße entlang, bis man rechts den kleinen Pfad sieht, der durch das Moor führt und die wundersame Reise ins Märchenland beginnen lässt. Der Weg führt für ca. eineinhalb Kilometer durch das Moor und endet dann schon wieder beim Bahngleis. Leider durchquert dieses das Moor. Deswegen folgt man dem Gleis nun in östlicher Richtung bis zum Bahnhof, nimmt die Unterführung und kann nun wieder auf der anderen Seite, nördlich der Bahnstrecke in die Moorlandschaft eintauchen.

Das Haspelmoor ist das nördlichste Hochmoorrelikt des bayerischen Alpenvorlandes. Es

INFOS

Start & Ziel: Haspelmoor
Dauer & Weglänge: 2–3 Stunden, ca. 4 km
Besonderer Tipp: Wer am Bahnhof in Haspelmoor parkt, kann auch noch die gutmütigen Pferde des Nachbarhofs, die gerne neugierig an den Zaun kommen, bestaunen.

Der schmale, idyllische Pfad durch das Haspelmoor

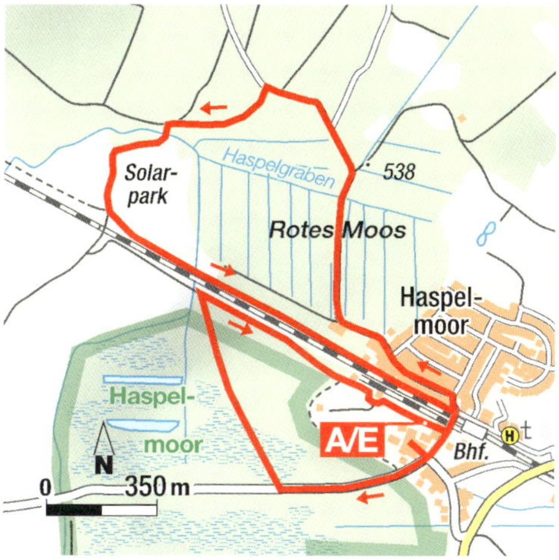

entstand durch den Isar-Loisach-Vorlandgletscher. Während der Eiszeit befand sich hier ein See, der verlandete. 1985 wurde das Haspelmoor unter Naturschutz gestellt.

Einkehr-Tipp

Warum nicht einmal vor dem Ausflug einkehren und sich durch das üppige Frühstücksangebot im **Parkcafé** in Fürstenfeldbruck schlemmen?

44

Biken durch die Westlichen Wälder

Kilometerlange Singletrails, leichte Steigungen und verwurzelte Wege lassen jedes Mountainbiker-Herz höherschlagen. Der Naturpark Westliche Wälder ist ein riesiger Abenteuerspielplatz für Anfänger und Fortgeschrittene.

Eine willkommene Abwechslung zu den Isartrails stellt der Naturpark Westliche Wälder südlich von Augsburg dar. Der Naturpark ist ein 1200 Quadratkilometer großes Areal mit 2500 Kilometer markierten Wander- und Fahrradwegen und vielen versteckten Mountainbike-Trails. Die sanften Hügel und Höhenunterschiede machen den gesamten Naturpark zu einem Traum für jeden Mountainbiker, egal ob Anfänger oder Fortgeschrittener.

Am meisten Spaß hat man, wenn man einfach drauflosfährt und auf eigene Faust die Trails erkundet. Trotzdem gibt es nachfolgend einen Routenvorschlag, dem man folgen kann.

Geparkt wird in Wellenburg in der Straße Zum Fuggerschloss. Von dort aus kann man direkt in den Wald radeln und folgt zunächst der breiten Forststraße. Schon bald zweigt der erste Trail ab, der nach einiger Zeit immer enger wird und über viele Wurzeln durch den dichten Wald führt und besonders viel Spaß macht. Nun passiert man die Fitnessinsel, das kleine Fitnessstudio, das sich mitten im Wald unter freiem Himmel befindet. Hat man diesen Teil gemeistert, kommt ein Trail, der bergab führt und bei dem man ordentlich Fahrt aufnimmt. Dabei bieten sich einige Sprungmöglichkeiten. Nach diesem anspruchsvolleren Stück geht es etwas gemütlicher weiter. Doch keine Sorge, weitere Trails mit viel Actionpotenzial folgen. Am besten fährt man einfach drauflos und bahnt sich seinen Weg durch die Wälder. Ist das nicht die beste Art, um abzuschalten?

Wer Wert auf eine schöne Aussicht legt, kann auch noch den Sandberg hinaufradeln und gleichzeitig seine Kondition testen. Alter-

INFOS

Start & Ziel: Zum Fuggerschloss, Augsburg, auf Höhe von Schloss Wellenburg
Dauer: 2–3 Stunden
Besonderer Tipp: Die Westlichen Wälder sind auch für Fahrradfahrer, Jogger oder Spaziergänger ein tolles Ziel. Und bei der Rückfahrt kann man noch am Wildgehege in der Isegrimstraße in Augsburg anhalten.

Verwurzelte Trails sorgen für besonders viel Spaß.

nativ ist auch der Exotenwald etwas weiter südlich in den Wäldern ein perfektes Areal für Mountainbiker, vor allem für Anfänger! In die Westlichen Wälder kommt man gerne immer wieder und zu jeder Jahreszeit.

Einkehr-Tipp

Direkt an der Wertach in der **Kulperhütte** wird besonders viel Wert auf regionale Ware und traditionelle Biergartenkost gelegt, aber auch wechselnde vegane Gerichte sind im Angebot.

Register

Der Fahrradweg an der Würm bei Sonnenuntergang

Ebenfalls erhältlich ...

ISBN 978-3-86246-605-4

Zu Besuch bei Künstlern, Caféinhabern und Cupcakebäckern. Entdeckungen aus dem Fünfseenland, die noch wirkliche Geheimtipps sind.

ISBN 978-3-86246-740-2

Verbinden Sie die schönen Dinge des Lebens: Entdecken Sie regionale Lebensmittel und Handwerkskunst in den Hofläden & Manufakturen des Fünfseenlands!

Impressum

Verantwortlich: Sabine Klingan, Lea Niesler
Lektorat und Redaktion: Christian Schneider
Layout: Elke Mader
Repro: Repro Ludwig Prepress
Kartografie: Bruckmann Verlag GmbH, Heidi Schmalfuß
Herstellung: Bettina Schippel
Printed in Slovenia by Florjancic Tisk D.o.o.

★★★★★

Sind Sie mit diesem Titel zufrieden? Dann würden wir uns über Ihre Weiterempfehlung freuen. Erzählen Sie es im Freundeskreis, berichten Sie Ihrem Buchhändler oder bewerten Sie bei Onlinekauf. Und wenn Sie Kritik, Korrekturen oder Aktualisierungen haben, freuen wir uns über Ihre Nachricht an J. Berg Verlag, Postfach 40 02 09, D-80702 München oder per E-Mail an lektorat@verlagshaus.de.

Unser komplettes Programm finden Sie unter www.j-berg-verlag.de

Alle Angaben dieses Werkes wurden von der Autorin sorgfältig recherchiert und auf den neuesten Stand gebracht sowie vom Verlag geprüft. Für die Richtigkeit der Angaben kann jedoch keine Haftung übernommen werden, weshalb die Nutzung auf eigene Gefahr erfolgt. Insbesondere bei GPS-Daten können Abweichungen nicht ausgeschlossen werden. Sollte dieses Werk Links auf Webseiten Dritter enthalten, so machen wir uns die Inhalte nicht zu eigen und übernehmen für die Inhalte keine Haftung.

In diesem Buch wird aus Gründen der besseren Lesbarkeit das generische Maskulinum verwendet. Weibliche und anderweitige Geschlechteridentitäten werden dabei ausdrücklich mitgemeint, soweit es für die Aussage erforderlich ist.

Empfehlung der Redaktion
Sie sind auf der Suche nach weiterführender Literatur? Dann empfehlen wir Ihnen den Titel »Cafés und Ateliers im Fünfseenland« von Angelika Dietrich und Angelika Röder. Oder Sie werfen einen Blick in den Titel »Hofläden und Manufakturen im Fünfseenland« von Angelika Dietrich und Louisa Marie Summer. Hier werden Sie bestimmt fündig.

Bildnachweis: Alle Bilder im Innenteil stammen von der Autorin, mit Ausnahme von: S. 2 oben: Mikhail Martirosyan (iStock), S. 3 unten: Matthias Naager, S. 12: Matthias Naager, S. 39: Mikhail Martirosyan (iStock), S. 57: ahirao_photo (iStock), S. 63: Fritz Bielmeier, S. 67: Vera_Petrunina (iStock), S. 87 links: Tobias Köhler, S. 119: Matthias Naager, S. 123: Wavebreakmedia (iStock)

Umschlagvorderseite: Kurze Rast mit Ausblick
Kleines Foto: Probiertour durch Haidhausen für Feinschmecker (Tour 5)
Umschlagrückseite: Abendstimmung am Schloss Blutenburg

Die Deutsche Nationalbibliothek verzeichnet diese Publikation in der Deutschen Nationalbibliografie; detaillierte bibliografische Daten sind im Internet über http://dnb.d-nb.de abrufbar.

ISBN 978-3-86246-838-6